كتاب

المواقف

الأمير عبد القادر

النقل والرسوم :   ب . مسعودي

شرط اول

الامير عبد القادر يعرب حكم سلطنة فرانسا في افريقية

شرط ثاني

فرانسا تحفظ لنفسها في وطن بلاد وهران مستغانم ووهران وساير اراضيها ووهران وارزيو وايضا لحدود الذي نذكرها بعد شرقي المفتح من عند المرجه من اين يخرج الواد وقبلة من المرجه المذكورة اعل خط مساوي قبلة السبخة على نيشان سيدي سعيد لحد واد الملح واهبط مع الواد المذكور لحد البحر بنوع ان هذا المذكور اعلا جميعها تكون في يد الفرنصيص وفي وطن بلاد الجزاير والساحل والولي متاع متجهه من جيهة الشرق لحد واد خضر الى فدام وقبلة لحد راس اول خنبل حتى واد شبه و داخل في ذلك البليده وساير نواحيها وغربا من شبه لحد محس واد مزبران ومن هناك خط مساوي لحد الجرو متحصن في هذا لحد القليعه وكامل نواحيها بنوع ان جميع هذا لحدود المذكورة تكون في يد الفرنصيص

شرط ثالث

الامير يحكم في وطن بلاد وهران والمدية ونصيب من عمالة الجزاير التي ما دخلت في حدودنا وغبرها لحدود المذكورة في الشرط الثاني وما يقدر يحكم غير في حدود المذكورة اعلا

شرط رابع

الامير ما يقدر يحكم على المسلمين الذين يحبون يسكنوا في لحدود التي في يد الفرنصيص وم محتبزين ان ينشوا يعبشوا في بلاد حكم الامير كان السكان في بلاد الامير يهمروا من غير مانع يمنعهم ان جيوا يسكنوا في بلاد حدود الفرنصيص

شرط خامس

العرب السكان في بلاد الفرنصيص يتبعوا دينهم بكل حرية ويقدروا يبنيوا جوامع ويسلكوا لموجب شريعة دينهم على يد قاضيهم كبير الاسلام

شرط سادس

الامير يعطي لجيش الفرنصيص ثلاثين الب ربعي وهران في وثلاثين الب ربعي وهران وخمسة الاف بقرة وهذا الذبح متاع لحب والبقرة يكون لوهران كل ثلث واحدة باول ثلث يكون بعد ثلاثة اشهر من التاريخ بعد خمسة عشريوم والثلثين الاخرين شهرين بعد شهرين اعني في كل شهرين ثلث

الحمد لله وحده

قد وصلنا يوم التاريخ من السبت كريبس فنصل
العدرانصيص و برقة سيف الشرف التي جعله لنا تعكرم
محنا سعاده السلطان نابليون الثالث ادام الله نصره
ارسله على يد صاحب الحضرة العلية السيد باش دور
العدرانصيص باسلامبول والسيف لا يوجد مثله الدنيا
مجهر ونعمه فطيعة ودهب ومكتوب عليه من السلطان
نابليون الثالث الى الامير عبد القادر بن محيي الدين
شهد دسمبر عشر ١٨ والسلام يوم الجمعة ٥ اخنت
من جمادى الاولى عبد القادر بن محيي الدين

Louange à Dieu Unique !

À la date de ce jour j'ai reçu de Mr.
Crépin consul de France à Brousse, un
sabre d'honneur que m'a donné en
souvenir notre bien aimé S. et le.
l'Empereur Napoléon III (Dieu éternise
sa victoire !) Ce sabre a été reçu par
l'entremise de Sa Seigneurie élevée
Son Excellence Mr. l'Ambassadeur de
France à Constantinople.

في ٱلتَّصَوُّفِ وَٱلْوَعْظِ وَٱلْإِرْشَادِ

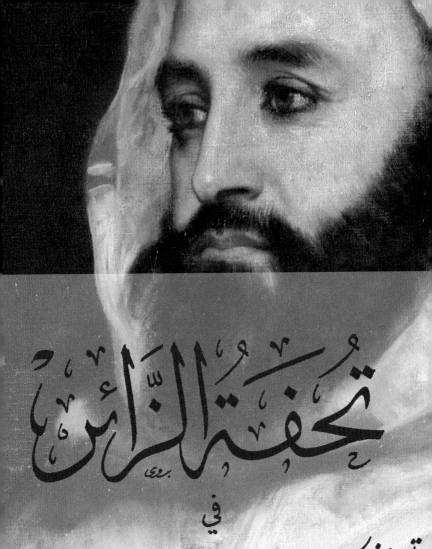

تحفة الزائر

في

تاريخ الجزائر والأمير عبد القادر

SOMMAIRE

ABD EL-KADER
LE MAGNANIME

Bruno Étienne et François Pouillon

DÉCOUVERTES GALLIMARD/INSTITUT DU MONDE ARABE
HISTOIRE

« Dès la première enfance, Abd el-Kader devint l'objet particulier des plus chères affections de son père. On eût dit qu'une sorte d'impulsion secrète, ou indéfinissable, l'obligeait à consacrer une attention et un soin exceptionnels à cet enfant, dont la carrière future allait être, d'une manière si glorieuse et inoubliable, associée au destin de son pays. »

Charles Henry Churchill, *La Vie d'Abd el-Kader*, 1867

CHAPITRE 1

LE DESTIN RÉVÉLÉ

"Les œuvres de Platon, Pythagore, Aristote, les traités des plus fameux auteurs de l'ère des Califes [...] étaient étudiés avec ferveur par le jeune Abd el-Kader. Sa bibliothèque se développait sans cesse. Les plus grands esprits l'entouraient. Il n'aurait pas changé l'intimité qu'il entretenait avec eux contre tous les trônes de l'univers.**"**
Ibidem

Au début du XIXᵉ siècle, l'Afrique du Nord est contrôlée par l'Empire ottoman. Seul le Maroc est un royaume indépendant. Les régences de Tunis et d'Alger sont découpées en régions gouvernées par des beys ou des deys, administrées par des fonctionnaires turcs, les aghas et les bachaghas, sorte de préfets s'appuyant sur un corps de janissaires, soldats recrutés dans le centre de la Turquie. Le territoire actuel de l'Algérie est, à cette époque, divisé en plusieurs secteurs : le Constantinois, le Titteri, l'Oranie et bien sûr la région d'Alger. Si l'oligarchie militaire turque contrôle de près

les villes (Alger, Oran, Tlemcen, Blida, Médéa, Constantine), dans les provinces de l'arrière-pays une assez grande autonomie est laissée aux chefs locaux, l'administration impériale se contentant de lever les impôts en s'appuyant sur une classe politico-administrative de fonctionnaires originaires du Proche-Orient. La population musulmane, arabe ou berbère, gère ses affaires à partir des structures tribales et religieuses.

Confréries et chefs religieux

Dès les premiers temps de l'occupation ottomane, les confréries mystiques (*tariqa*) et l'aristocratie religieuse jouent un rôle fondamental dans l'équilibre politique et social du Maghreb. Outre l'enseignement de l'islam qu'ils dispensent dans les

zâwîyat, sorte de couvents et loges musulmanes accueillant des laïcs, les ordres religieux assurent le lien entre les différentes populations, nomades ou sédentaires, arabes du Sahara et du Tell, et servent d'intermédiaire avec les fonctionnaires turcs chargés de lever les impôts. Les marabouts, ou « nobles de chapelet », jouissent d'un grand prestige. Ils arbitrent les conflits tribaux ou familiaux, distribuent leur bénédiction (*baraka*), animent toutes les fêtes locales profanes et religieuses. Leur rôle est d'autant plus déterminant que les rivalités sont grandes et que nombre d'habitants arabes, urbains ou ruraux, sont profondément hostiles aux Ottomans étant donné leur façon autoritaire de gérer les territoires sous leur administration. La province d'Oran est la plus agitée ; razzias, révoltes tribales et confrériques contre le pouvoir beylical y sont monnaie courante et vont se succéder de 1804 à 1827. Les populations soumises au joug surtout fiscal des Ottomans espèrent un changement qui, à leurs yeux, restaurerait le vrai islam équitable.

L'envoyé de Dieu

Une tradition musulmane veut que Dieu, dans son infinie bonté, envoie chaque siècle un homme, saint et savant – ce qui va de pair en Islam – pour rectifier les tendances des hommes à s'écarter de la conduite exemplaire du prophète Mohamed. Cette tentation permanente les fait revenir à la *jahiliyya*, la « barbarie antéislamique ».

La situation politique et économique de la régence d'Alger ne cesse de se détériorer au début du XIXe siècle. La course (pillage organisé des navires européens et commerce des captifs), qui, depuis le début du XVIe siècle, faisait la prospérité de la ville, est devenue insignifiante. Sa ressource principale est désormais l'impôt perçu auprès des chefs, nobles (à gauche) ou religieux, des tribus de l'arrière-pays. Siège de la régence, Alger (ci-dessous) n'est pas pour autant une véritable capitale politique. Si le dey exerce un gouvernement direct sur la ville et ses alentours ainsi que sur la plaine voisine de la Mitidja, le reste du pays est contrôlé par les beys qui se contentent d'envoyer à l'administration centrale (*odjak*) le montant des impôts, deux fois par an, et de se rendre à Alger tous les trois ans.

Le 6 septembre 1808 – 22 du mois de rejab de l'année 1222 d'après les conteurs et les bardes, 15 rejab 1223 selon les historiens – Abd el-Kader vient au monde à La Guetna non loin de Mascara. Il est le troisième fils de Mahieddine al-Hassani, descendant du prophète Mohamed d'après la tradition locale et familiale, responsable religieux de la grande tribu des Hachem, cheikh de la Qadiriya, puissante confrérie religieuse installée dans cette région agricole de l'Oranie.

Mahieddine voit en rêve un destin particulier pour ce fils qui lui advient de sa deuxième épouse. Aussi va-t-il consacrer une attention toute particulière à son éducation religieuse et politique car il estime que cet enfant est marqué du sceau de la Baraka divine.

L'éducation religieuse

Abd el-Kader grandit à La Guetna, entre apprentissage du Coran et des Hadîth (les paroles et gestes du Prophète) et initiation à la voie soufie dispensée par son père dont le nom prédestiné de Muhyî al-Dîn signifie « vivificateur » ou « introducteur de la religion ». On ne lui a coupé les cheveux qu'à deux ans mais c'est vers sa septième année que se réalise, avec la circoncision, son entrée dans la communauté musulmane. Cette cérémonie familiale se déroule selon le rituel classique et habituel pour chaque musulman mais dans son cas la fête est élargie, avec quelque faste. Un riche festin ostentatoire, la *dhiffa*, est offert aux gens de la confrérie et des tribus avoisinantes dont Mahieddine est responsable spirituellement. Très tôt Abd el-

Au XIXe siècle, l'islam maghrébin sort difficilement de la torpeur où il était plongé depuis la fin de la Reconquête ibérique (1492) qui avait vu les chrétiens prendre pied jusque dans les ports de traite du Maghreb. La réaction a pris la forme d'une immense mobilisation religieuse, la « révolution maraboutique », vaste entreprise de réislamisation à partir de couvents de moines-soldats menant de pair le jihad contre l'Infidèle, l'instruction et l'arabisation des populations rurales. Ce mouvement a donné une forme singulière à l'islam maghrébin. Autour des *zâwîyat* et des tombeaux de saints « marabouts », c'est tout un réseau d'institutions à partir desquelles se diffuse la culture arabe et les sciences de l'islam. Certes, à l'époque d'Abd el-Kader, la dégradation de cet enseignement est réelle depuis plus d'un siècle mais il reste des lieux de savoir dans des villes comme Oran, Mostaganem et surtout Tlemcen (à droite, la mosquée) où le jeune homme reçoit un enseignement classique. À gauche, des versets du Coran tracent les contours de l'homme accompli, figure caractéristique de l'enseignement ésotérique dispensé dans les confréries.

Kader connaît le Coran par cœur, avant de s'atteler à l'étude de la Sunna, la tradition prophétique, et des Hadîth, au fondement de la religion. Il aborde quelques années plus tard les obligations canoniques avec le jeûne du mois de ramadan qui le fait entrer dans la communauté des hommes. Autant de moments qui sont à la fois l'occasion d'expliquer l'islam et aussi d'honorer la clientèle de la confrérie. Abd el-Kader y apprend l'*adab*, la « bonne éducation », la politesse, la courtoisie qui préside aux relations, la hiérarchie des gens et des

❝Les facultés mentales du garçon furent d'une inhabituelle précocité. Il pouvait lire et écrire à l'âge de cinq ans. À douze ans, il était *taleb*, c'est-à-dire commentateur autorisé du Coran, des Hadîth et des plus estimées d'entre les gloses de sa religion. Deux ans plus tard, [...] on lui confia [...] une classe dans la

choses, le sens du devoir et du respect ainsi que les bonnes manières conformes à l'ordre islamique. Pendant les grandes fêtes, les prières communes, les séances de remémoration rituelle, les repas pris en commun avec de pieux et savants musulmans, sont d'autres occasions pour apprendre la geste des Arabes et la grandeur de l'islam par l'exemple des anciens.

mosquée familiale, où il expliquait les passages les plus difficiles et les plus obscurs des commentateurs.❞
Ch. H. Churchill,
La Vie d'Abd el-Kader

Sa mère lui a appris à lire et à tisser car l'homme doit savoir se vêtir lui-même. Elle lui enseigne qu'un homme de religion doit se comporter toute sa vie de façon modeste en évitant l'ostentation. Cette éducation particulière fit de lui, non seulement un musulman convaincu et un théologien, mais un initié sur la voie mystique.

Exercice équestre pratiqué dans les tribus, le « jeu de la poudre » a été popularisé par le folklore sous le nom de *fantasia* – ici observée par le peintre Eugène Delacroix, en 1832.

La société musulmane, une réalité économique

Mais l'éducation religieuse n'est pas tout et Mahieddine est également attentif aux choses de ce monde que son fils doit connaître : sa passion des chevaux se développe dès son plus jeune âge et le conduit à visiter les tribus et les souks dans toute la région, à assister aux grands *moussem*, vastes réunions périodiques qui marquent les fêtes autant tribales, commerciales que religieuses. Là, il apprend la valeur des échanges de toutes sortes, les discussions sur les contrats mais aussi le prix du blé et du fourrage. Il y écoute les bardes qui chantent la grandeur des Arabes et la vie du Prophète ; il y rencontre des juifs ; il observe les forgerons maréchaux-ferrants qui sont si importants et utiles dans ce monde entièrement dépendant des chevaux. Le Prophète a d'ailleurs déclaré : « Celui qui a un cheval arabe et l'honore, Dieu l'honorera ! » Il observe la division des classes, des groupes, des hommes et des femmes, en confréries et corporations de métiers où chacun à sa place. Il apprend le nom des tribus et leur généalogie pour ne pas commettre d'erreur, impair ou incorrection, étant donné le statut de médiateur de son père et de sa famille. Et c'est à cheval qu'il parcourt toute la région de Tlemcen au Sahara et jusqu'à Oran à la recherche de ce savoir – dont il sera toujours insatiable – qu'il ira chercher, comme dit le Coran, « jusqu'à la Chine s'il le faut ».

Il complète son instruction à Arzew avec un vieux maître savant, Sid Ahmed ben Tahar al-Riffi. Puis à Oran, où il rencontre son futur beau-frère, Mustafa ben Thami. Dans cette ville, l'enseignement est plus académique sous la houlette du grand savant lettré qu'est Sid Ahmed ben Khodja. Abd el-Kader

étudie alors non seulement la théologie et la philosophie mais aussi à toutes les sciences développées par les Arabes et il s'adonne au plaisir incessant de la poésie aussi bien andalouse que celle de Bagdad, la *qaçida*.

Oran est aussi le siège de l'administration beylicale ottomane et Abd el-Kader découvre la différence, l'oppression, le mépris des puissants : il gardera toute sa vie une forte hostilité à l'égard des Turcs.

Il simule la tactique militaire du harcèlement : foncer dans un tumulte sur l'ennemi, arrêter net son cheval en déchargeant son arme et se mettre au plus vite hors de portée.

Un jeune homme promis à un grand avenir ne saurait rester seul : sa famille a besoin de renforcer ses alliances car les temps sont troublés et des révoltes contre les Turcs s'organisent. Aussi son mariage avec sa cousine Khéïra est, comme il est normal, un mariage arrangé par sa mère, car un fils de *chorfa* (descendant du Prophète) ne peut pas épouser n'importe qui. De même, sa sœur Khadija épousera-t-elle le frère de la femme d'Abd el-Kader,

Le pèlerinage à La Mecque est l'une des cinq obligations canoniques de l'islam. Il sanctionne et atteste la validité de la foi en conférant au pèlerin le titre de *hajj*. Le voyage (ci-dessous) peut prendre plusieurs années, jalonnées,

Mustafa ben Thami, qui est aussi son cousin germain puisqu'il est le fils de son oncle maternel Abu Taleb. C'est ainsi que se construit tout le système d'alliances à partir de la stratégie matrimoniale qui est la clé de la structure sociale du pays fondée sur le principe de l'endogamie.

Le destin révélé

Mahieddine est satisfait de l'érudition de son fils, qui désormais est *hafiz*, savant reconnu et lettré, puisqu'il sait le Coran, les Hadîth et les

comme les grands pèlerinages chrétiens du Moyen Âge, par de longs séjours dans les centres de diffusion du savoir religieux. Un tel périple, long et onéreux, n'est pas à la portée de tous. Au temps d'Abd el-Kader, rares encore sont ceux qui, au Maghreb, peuvent se prévaloir du titre de *hajj*.

commentaires. En 1826, il décide de l'emmener avec lui accomplir le pèlerinage à La Mecque. Il aura alors le titre de *hajj* nécessaire à ses futures fonctions de directeur spirituel de la confrérie et des tribus qui en dépendent. Le voyage est long et pénible et nécessite une minutieuse préparation à la fois matérielle et spirituelle. Les pèlerins se joignent à une caravane venant du Maroc qui agglomère, le long du parcours, tous ceux qui ont décidé de partir pour l'Orient.

Mais les affaires vont mal entre les confréries, les tribus et le pouvoir beylical. Le bey d'Oran fait arrêter la caravane des pèlerins et retient Mahieddine et son fils prisonniers à Oran où la troupe des soldats kouloughlis les a ramenés au grand scandale de toute la région liée à cette famille de « saints ». Au bout de plusieurs mois de négociations, le bey les relâche, et ils peuvent partir à travers le territoire algérien jusqu'à Tunis où ils embarquent pour Alexandrie. De là le voyage se poursuivra, selon l'itinéraire classique, à pied, jusqu'au *haram* – le territoire sacré où ils se mettront en état de pureté – puis jusqu'à l'enceinte sacrée de la Kaaba.

Cette longue traversée de déserts et de mers est l'occasion de parfaire l'instruction religieuse et philosophique du jeune futur *hajj*. Mahieddine et ses compagnons de route s'y emploient : prières communes, chants, méditations, lectures pieuses balisent le parcours et les arrêts sur tous les lieux saints. Ce premier voyage en Orient, qui va durer deux ans, conduit Abd el-Kader et son père à La Mecque puis à Bagdad où ils visitent la *qubba* du « faucon gris », Abdelkader al-Jilani, le fondateur de leur confrérie. Alors que Mahieddine est en prière près du tombeau, rapporte la tradition hagiographique, le destin de son fils lui est annoncé par un grand Noir qui cherche le « sultan de l'Occident » parmi les pèlerins en prière, car, ajoute-t-il, « en vérité je te le dis : le règne des Turcs va finir… ». Mahieddine y voit la confirmation de la *baraka* annoncée dans ses rêves. Il en est persuadé : son fils préféré est sous le signe de Dieu.

La Mecque, Makka al-Mukarrama (ici représentée sur un manuscrit du XIXᵉ siècle), est aussi appelée la « ville sûre », Beït al-Haram, ou « maison sacrée ». Symbole de la présence divine sur terre, elle est le centre et l'axe du monde. C'est autour de la Kaaba, la pierre noire située au centre de la mosquée, que les pèlerins accomplissent le *hajj*. C'est un lieu de l'universalité islamique qui réunit dans un même rituel, sans distinctions, des hommes venus d'Asie et d'Afrique. Par-delà la fortification de sa propre foi, le pèlerin y découvre l'importance de la communauté musulmane.

Le retour des pèlerins

Après un deuxième passage à La Mecque, le chemin du retour passe par Le Caire, al-Qahira, « la Triomphante », dans une Égypte qui aborde la modernité en pleine ébullition. Abd el-Kader est fasciné par tout ce qu'il voit et il comprend que le monde ne se réduit pas à son seul Watan, le territoire des tribus d'Oranie. Le Nil en particulier, que les Arabes du désert appellent « la mer », al-Bahr, l'impressionne.

La suite du parcours s'effectue, comme à l'aller, en bateau jusqu'à Tunis, puis à pied. Durant ce périple,

Le Caire (ci-dessus) n'est ni une capitale de l'Islam ni la ville la plus moderne d'Égypte qui est alors Alexandrie. Le jeune Abd el-Kader n'en est pas moins impressionné par ses dimensions, lui qui ne connaît que les bourgades algériennes.

l'éducation religieuse et philosophique se poursuit sans répit. À leur retour les *hajj* sont fêtés, comme il se doit, par de grandes cérémonies à la fois religieuses et conviviales, mais les affaires internationales comme les révoltes locales contre l'oppression turque occupent tous les esprits. Chacun sent bien que des temps terribles se préparent. Abd el-Kader, lui, consacre tout son temps à l'étude et à sa famille. Il ne semble préoccupé que par la spiritualité, l'étude, la méditation, la lecture. Mais il n'est pas confit en religion même s'il est déjà *hajj* et *hafiz*, s'il prie et jeûne souvent. C'est un jeune homme frêle, aux yeux bleus, mais que la chasse, les jeux de chevaux (la *fantasia*) et les longues randonnées solitaires à regarder dans la nature l'œuvre de Dieu ont raffermi. Sa principale activité, en dehors de l'étude, reste sa passion pour le cheval. Et on le voit parcourir la région sur son étalon noir à la recherche d'un livre nouveau ou d'un savant inconnu retiré dans quelque *zâwîya*. « L'encre des savants est plus précieuse que le sang des martyrs », dit un hadîth.

Mais Dieu – qui est le plus savant – en a décidé autrement. Car pendant que se déroulent ses pieuses observances, le monde du nord de la Méditerranée s'agite et les puissances européennes s'apprêtent à se partager le Sud.

❝Grandes furent les réjouissances qui célébrèrent leur retour, sains et saufs, à La Guetna. La première et la plus mémorable de cette suite de festivités fut un grand banquet en l'honneur d'Abd el-Kader el Djellali. Quinze bœufs et quatre-vingts moutons furent sacrifiés. Des invités de tout rang et de toute classe arrivaient à toute heure et de toutes parts, spontanément et sans y être invités. Certains, superbement montés et en magnifique attirail, étaient suivis de cortèges d'esclaves et de domestiques ; d'autres, issus des classes moyennes, venaient chevauchant qui des mules, qui des ânes, pendant que des centaines de gens plus modestes ne cessaient de défiler, anticipant ardemment l'accueil princier de leur Marabout vénéré. [...] Et ce ne fut qu'après avoir vu presque tous les Arabes de la province d'Oran et de nombreuses députations des tribus du Sahara venir poser leur tribut d'hommages et de félicitations au Chef respecté des Hachem, que l'Oued Liammam recouvra son aspect coutumier de paix et de tranquillité.❞

Ch. H. Churchill,
La Vie d'Abd el-Kader

« Et nos chevaux blancs ? C'est la monture des princes. Quand l'aurore se montre, ils font pâlir la lune d'effroi. [...]

J'ai préparé pour les combats un noble coursier aux formes parfaites, qu'aucun autre n'égale en vitesse.

J'ai aussi un sabre étincelant, qui tranche d'un seul coup le corps de mes ennemis. »

Abd el-Kader, *Pensées arabes*, 1865

CHAPITRE 2

LE JIHAD, OU LA GUERRE JUSTE

La plume vaut mieux que l'épée, enseigne le Coran, mais, lorsque le combat est nécessaire et juste pour défendre la terre d'Islam et la communauté des croyants, alors celui qui a été choisi pour mener le jihad devient le « sabre de Dieu » sur terre.

Les puissances européennes, surtout la France et l'Angleterre, envisagent d'occuper de vastes territoires depuis le Proche-Orient jusqu'au Maroc, l'extrémité du Maghreb. Officiellement, il s'agit de mettre fin à la piraterie de la régence d'Alger. En réalité, l'enjeu est bien plutôt de contrôler tout le commerce Nord-Sud en écartant l'Empire ottoman. Le partage du monde méditerranéen est en marche : à la France l'Ouest, le Maghreb, et à l'Angleterre l'Est, le Machreq.

L'idée n'était pas nouvelle. Après l'expédition d'Égypte, Bonaparte avait envoyé des espions sur la côte algérienne afin d'étudier une éventuelle occupation. En 1827, une affaire commerciale et financière va soudain précipiter les événements. Excédé par le non-paiement d'une créance de la France, le dey d'Alger soufflette le consul de France Deval. C'est le fameux « coup d'éventail » qui va servir de prétexte au blocus d'Alger puis, trois ans plus tard, à l'intervention militaire.

La prise d'Alger

Fin juin 1830, les troupes françaises débarquent à Sidi-Ferruch et prennent Alger. Le 5 juillet, les Turcs d'Alger abdiquent après trois semaines de combats. L'effondrement rapide du pouvoir turc précipite l'Algérie dans une longue période d'anarchie. À l'annonce de la victoire française, Hassan, le bey d'Oran, s'empresse de faire allégeance aux nouveaux maîtres d'Alger. De même, le bey du Titteri se soumet rapidement avant de proclamer finalement le jihad. Dans le Constantinois, le bey Ahmed entre en résistance et parvient à se maintenir grâce à ses alliances avec les tribus locales.

À Paris, l'indécision sur la politique à mener – le retrait ou l'occupation – révèle le manque de préparation à gérer la conquête. Les changements de régime politiques des années 1830 à 1870 ne feront que compliquer toute l'histoire de la conquête de l'Algérie. Cette situation

paradoxale explique en partie les contradictions et tergiversations de la politique algérienne.

À la veille de la chute de Charles X (29 juillet 1830), le corps expéditionnaire français occupe Médéa, Oran et Bône. Louis-Philippe, devenu roi des Français, autorise le général Clauzel à poursuivre la conquête, en assurant une occupation limitée au littoral. L'intérieur du pays est abandonné aux chefs indigènes. Mais l'objectif s'accorde mal avec les réalités du terrain…

Le sultan des Arabes

Pour nombre de tribus arabes, la brutale présence militaire française est vécue comme une agression dont le modèle imaginaire est la croisade. Aussi, face à l'incursion insupportable des infidèles en terre d'Islam, les Algériens vont réagir avant tout en tant que musulmans.

Mis à exécution trois ans après le coup d'éventail donné au consul de France Deval (à gauche), le débarquement à Sidi-Ferruch (ci-dessus), aujourd'hui Sidi Fredj, s'appuie en réalité sur un plan stratégique préparé vingt ans plus tôt par un espion de Napoléon, le commandant Boutin. Après trois semaines de combats parfois difficiles, les trente-cinq mille hommes du général de Bourmont obtiennent du dey Hussein les clés d'Alger.

En Oranie, Mahieddine, constatant la faillite de la noblesse d'épée et l'abandon des Turcs, proclame le jihad et envoie ses fils combattre sous les remparts d'Oran où sont retranchés les Français. Abd el-Kader se montre le plus farouche et le plus pieux des guerriers. Blessé maintes fois, il crève les chevaux sous lui.

« Que de têtes, ce jour-là, mon sabre a tranchées tandis que ma lance semait des blessures mortelles !

Mon alezan fut blessé huit fois par les baïonnettes ennemies, mais les douleurs ne lui arrachaient aucune plainte, au contraire, il redoublait d'ardeur.

Nos sabres furent tirés des fourreaux et n'y furent remis qu'abreuvés de sang.

Baïonnette à la main, un adversaire m'affronta.

Je tenais à la main un pistolet dont le feu aurait pu rôtir un bélier.

À ma vue, il comprit qu'il allait mourir et voulut s'enfuir. Je l'abattis d'un coup de sabre.

Je chargeai contre les ennemis comme un Hachémite et ils burent le breuvage de la mort pour avoir suivi la fausse route. » (Abd el-Kader, *Diwan*)

➤➤ Les Français forment une nation guerrière, riche en hommes, pleine de ressources, et dévorée par l'esprit de conquête. Et qu'avons-nous à leur opposer ? Des tribus en lutte les unes contre les autres ; des chefs intrigants et rapaces se battant pour agrandir leurs fiefs ; une bourgeoisie rejetant toute contrainte, les uns s'enrichissant par le pillage, les autres s'accrochant désespérément à leurs propriétés. [...] Non ! Au roi des Français, on ne peut efficacement opposer qu'un roi qui soit comme lui à la tête d'un État [...]. ➤➤

Mahieddine aux chefs arabes, *in* Ch. H. Churchill, *La Vie d'Abd el-Kader*

Mais pour mener efficacement le jihad, il est urgent de rassembler les tribus sous l'autorité d'un seul chef. Mahieddine appelle à une grande réunion tous les chefs de la région afin de dénoncer les traîtres et de châtier ceux qui se sont ralliés aux Français, leur couper la tête et la promener, salée, dans tous les campements. Les tribus viennent en nombre à La Guetna : Ouled Sidi Cheikh du Sahara qui fournissent les meilleurs chevaux, Beni Sokran et Beni Abbas du Tell, Beni Amer et tous ceux de la grande fédération des Hachem jusqu'aux marabouts d'El-Asnam. Un vieil *hafiz* suggère à Mahieddine de désigner son fils.

À la surprise générale, Abd el-Kader parle avec une autorité que personne ne soupçonnait chez ce jeune homme de 24 ans connu pour sa piété : « Je suis hajj Abd el-Kader fils de Mahieddine, chérif [descendant du Prophète] par mon père et par ma mère et il importe que vous sachiez mon nom : qu'il coure à travers les souks jusque dans les douars et les *zâwîyat* les plus reculés ! Je ne veux pour moi aucun des prestiges auxquels vous pensez : nous entrerons dans Alger la Blanche et nous chasserons les Infidèles de notre terre. » Ainsi, grâce à son charisme et à son autorité, le fils de Mahieddine est élu *amir* (« émir »), c'est-à-dire chef des armées et sultan des Arabes.

C'est parce qu'il est avant tout musulman qu'Abd el-Kader accepte de prendre la tête du jihad pour défendre le Dar al-Islam, lui qui pratique le grand

Le jeune Abd el-Kader (ci-dessus) s'impose aux tribus de la région (à gauche) à la fois par son courage au combat et par ses qualités d'orateur. Tous ceux qui le rencontrent à cette époque décrivent un jeune homme déjà sûr de sa mission. Leurs récits insistent sur sa beauté, son élégance, son prestige, son allure et sa force.

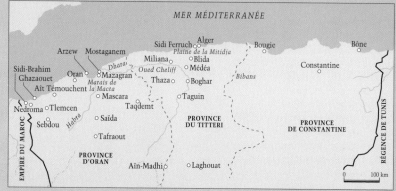

MER MÉDITERRANÉE

Sidi Ferruch   Alger   Bougie   Bône
Arzew   Mostaganem   Plaine de la Mitidja
Miliana   Blida   Constantine
Sidi-Brahim   Dhara   Oued Cheliff   Médéa
Ghazaouet   Oran   Mazagran   Thaza   Boghar   Bibans
Aït Témouchent   Marais de la Macta
Mascara   Taguin
Nedroma   Tlemcen   Taqdemt
Habra   PROVINCE DU TITTERI   PROVINCE DE CONSTANTINE
Sebdou   Saïda
Tafraout
EMPIRE DU MAROC   PROVINCE D'ORAN   Aïn-Madhi   Laghouat   RÉGENCE DE TUNIS
0   100 km

jihad, la guerre contre les passions. Cette nécessité va le conduire à créer l'ébauche d'un État indépendant dont le modèle idéal sera l'État islamique tel que l'ont conçu les « Califes bien inspirés », les premiers successeurs du Prophète.

Les premiers combats

Mener la lutte contre l'envahisseur implique de se libérer du joug ottoman. Aussi, c'est d'abord contre les milices du bey turc d'Oran et quelques grands personnages arabes comme Mustafa ben Ismaïl qui lui restent fidèles qu'Abd el-Kader, proclamé chef légitime par les tribus d'Oranie, va se battre.

Très rapidement, avant que les troupes françaises puissent installer une logistique militaire à l'intérieur du pays, l'émir contrôle une zone qui va du Maroc aux limites de la Mitidja. Il combat rarement de front des forces supérieures en nombre et en armement. Contre elles il pratique une forme de guérilla, fondée sur des opérations de harcèlement.

Dès 1833 il contrôle Mascara et Tlemcen à l'exception de sa citadelle occupée par les kouloughlis demeurés fidèles aux Ottomans. Les tribus se rallient et douze mille cavaliers en armes viennent se joindre aux troupes de l'émir. Il faut organiser le combat mais aussi l'intendance, négocier le blé, la poudre, les fusils. Abd el-Kader envoie ses marhands juifs jusque chez les Anglais du Maroc et le commerce se développe à Ghazaouet, à l'ouest d'Oran, et sur la Moulouya.

Si le corps expéditionnaire français tient les villes côtières de Mostaganem, Mazagran et Bougie, son avancée à l'ouest se heurte à la résistance d'Abd el-Kader et de ses cavaliers. Une trêve s'impose pour gagner du temps et tenter de comprendre qui est cet ennemi si mobile et insaisissable. Le 26 février 1834, le général Desmichels, représentant de la France dans la province occidentale de l'ancienne régence d'Alger, signe un traité de paix avec Abd el-Kader, reconnaissant la souveraineté de l'émir sur les tribus arabes de la région d'Oran.

Ce traité est loin de faire l'unanimité parmi les généraux de la conquête, préoccupés du pouvoir grandissant d'Abd el-Kader à l'intérieur du pays : l'émir a autorité non seulement sur la province d'Oran, après avoir soumis les chefs rebelles, mais exerce aussi son influence à l'est, dans le Titteri, et entend poursuivre son avancée vers Miliana et Médéa.

Dès les premiers combats (ci-dessous, à Médéa en janvier 1831), les troupes françaises se heurtent à des cavaliers arabes insaisissables, dont les montures, bien plus résistantes et plus rapides que les lourds chevaux de l'armée française, peuvent parcourir des distances surprenantes. La force de l'émir repose sur cette cavalerie mais c'est aussi sa faiblesse car il faut nourrir ces milliers de chevaux et de cavaliers, sans parler des fantassins qui les suivent. Aussi l'émir devra-t-il constituer une ligne de réserves à grain dans des silos enfouis et des greniers collectifs, afin de ravitailler sa troupe.

« Pourquoi n'avez-vous pas peint des tableaux où vos troupes battaient en retraite ? », devait déclarer l'émir à la vue des peintures d'Horace Vernet à Versailles (double page précédente, le *Combat dans la forêt de l'Habra, remporté par le duc d'Orléans à la tête de la brigade Oudinot, sur l'infanterie légère d'Abd el-Kader*). Œuvres de propagande célébrant l'épopée de la conquête en Algérie, ces grandes compositions laissent bien évidemment de côté les graves revers d'une armée française mal préparée à affronter un adversaire trop mobile. Ci-contre, la lamentable expédition de La Macta (28 juin 1835) qui vit une armée, surprise dans un défilé puis embourbée dans un marécage, se faire décimer par la troupe d'Abd el-Kader encore mal équipée mais connaissant parfaitement le terrain. Lorsque l'Algérie indépendante célébrera cette première résistance au colonialisme, les peintres algériens, à l'exemple de Hocine Ziani (ci-contre), reprendront l'esthétique et le style épique d'Horace Vernet.

En France, un gouvernement général pour les « possessions françaises du nord de l'Afrique », doté de pouvoirs civils et militaires, est institué par le roi Louis-Philippe (22 juillet 1834). Si le gouvernement ne sait pas encore clairement s'il faut conquérir toute l'Algérie ou seulement contrôler la côte, l'idée d'un peuplement par des Français commence à percer.

En fait les Français ne respecteront pas le traité et l'armée, faisant pression sur Paris, va continuer sa progression, se heurtant à la résistance de l'émir. Desmichels est remplacé par le général Trézel et les combats reprennent.

Abd el-Kader remporte encore quelques victoires dont la bataille de La Macta en juin 1835. Mais devant l'abandon de beaucoup des siens, divisés sur l'opportunité de traiter avec les Français et plus encore hostiles à cette unification qu'impliquait sa politique, il signe avec le général Bugeaud le traité de La Tafna le 30 mai 1837, ratifié par Louis-Philippe. Mais ce traité est truffé d'approximations et de non-dits : les limites du royaume reconnu de l'émir sont imprécises tout particulièrement pour le Constantinois. Cette trêve va cependant permettre à l'émir de poursuivre l'édification de son État, tandis qu'à l'est,

COMBAT DE SOMAH

En 1837, le roi Louis-Philippe décide d'aménager dans une aile du château de Versailles les « salles d'Afrique », où seront célébrés les hauts faits de la conquête française.

les troupes françaises s'emparent de Constantine (13 octobre 1837) et poursuivent le bey Ahmed jusqu'en Tunisie.

L'organisation d'un État

Abd el-Kader contrôle alors la majeure partie de la province d'Oran, celle du Titteri et occupe les villes de Miliana et de Médéa où il a installé son frère Mustafa. En l'espace d'à peine cinq années, Abd el-Kader est parvenu à imposer sa souveraineté sur les deux tiers de l'Algérie, jetant les fondements islamiques d'un État nouveau dans une société tribale et dominée. Il a supprimé les distinctions traditionnelles entre les tribus et perçoit l'impôt sous la forme de la dîme coranique, mais la verse dans un trésor public qui sert à rémunérer les magistrats nommés et contrôlés par lui. Mais surtout, il a créé une véritable armée, fondé un chapelet de places fortes, de Tlemcen à Médéa – il se prolongera bientôt jusqu'à Constantine –, et établi une capitale, Taqdemt, au lieu même de l'ancienne capitale, Tahert, d'une dynastie prestigieuse, les Rostémides.

L'équilibre reste fragile et l'émir doit sans cesse lutter à la fois contre les tribus rebelles et contre certaines confréries qui lui sont hostiles, comme la Tidjania, installée à Aïn Mahdi et dont le siège,

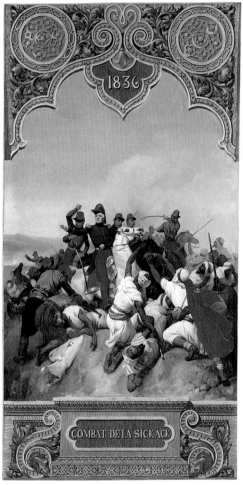

COMBAT DE LA SICKACK

Le 6 juillet 1836, le général Bugeaud, fraîchement débarqué avec trois régiments, inflige une lourde défaite à Abd el-Kader sur les bords de l'oued Sikkak. L'infanterie de l'émir est pratiquement anéantie.

en 1838, lui coûte fort cher en matériel et en hommes. Curieusement il sera aidé par les Français dans cette tâche difficile pour faire sauter le verrou qui contrôle tout le Sahara. Il est d'ailleurs entouré de conseillers techniques et militaires européens, souvent déserteurs et parfois espions à la solde des puissances intéressées par cet insaisissable chef de guerre. Aïn Mahdi est rasée le 12 janvier 1839 et les tribus indigènes se soumettent.

Pour essayer de contraindre les tribus et lutter contre le clientélisme familial, Abd el-Kader crée une monnaie, un corps de fonctionnaires rémunérés par le trésor public, et constitue une véritable administration de la justice ainsi qu'une armée régulière avec un drapeau, des spécialités, des grades et des uniformes. Dans sa nouvelle capitale dont la première pierre est posée en mai 1836, l'émir installe des fabriques pour l'armement et des réserves pour la nourriture. Tout est contrôlé non par les chefs de tribu mais par les hommes qu'il a choisis, nommés et qu'il paye sur le trésor de guerre.

En même temps il écrit ce qu'il pense, ce qu'il rêve pour un État islamique idéal : « Dieu nous ayant donné la mission de veiller sur le bien-être des musulmans et de guider tous ceux qui dans ce pays suivent

"Le personnage devant lequel tous s'écartent, celui qui marche la tête haute, le regard insolent et la menace à la bouche, c'est le soldat régulier du sultan, cavalier et fantassin. L'uniforme brun de ce dernier et l'uniforme rouge du premier sont un talisman qui inspire à tous la crainte.**"**
Léon Roches, *Trente-deux ans à travers l'Islam*, 1884

Ces gravures donnent une idée assez exacte de l'armement des soldats de l'émir : sabre, petite épée et long fusil.

la loi de Sidna Mohammad, nous avons craint par notre indulgence de manquer le seul but que nous visions : rallier tous les Arabes autour d'un centre commun, instruire les ignorants de la loi du Prophète, empêcher parmi eux la contagion des mauvais exemples, les préserver des influences corruptrices de certaines villes » (lettre à Hajj al-Habib al-Taïeb, son représentant à Oran).

Ce faisant il applique à la lettre ce que l'islam classique propose avec la formule « la commanderie du Bien et le pourchas du Mal ». Et il dicte à son secrétaire Kaddour ben Rouila un règlement militaire et un traité sur le sort

❝ Une presse fabriquait de la monnaie d'argent et de cuivre dont la valeur allait de deux sous à cinq shillings, où se lisait sur une des faces : « Voici la volonté de Dieu : je l'ai nommé mon représentant » ; et sur l'autre face : « Frappé à Taqdemt, par le Sultan Abd el-Kader.❞
Ch. H. Churchill,
La Vie d'Abd el-Kader

des prisonniers : *Wishâh al-Katâ'ib*. C'est cette grandeur d'âme qui fera de l'évêque d'Alger, Mgr Dupuch, avec qui il traite de l'échange et de la libération des soldats français capturés, l'un de ses plus fidèles admirateurs et amis.

La reprise des combats

Afin d'établir une jonction terrestre entre Constantine et Alger, le duc d'Orléans, fils aîné de Louis-Philippe, pénètre dans le Constantinois en octobre 1839 et franchit les Portes de Fer, en plein territoire contesté, les Bibans. Abd el-Kader dénonce une violation du traité de La Tafna et informe officiellement le maréchal Valée de la reprise de la guerre (18 novembre 1839). Les troupes de l'émir déferlent sur la plaine de la Mitidja et obligent militaires et colons français à refluer vers Alger. Les troupes françaises réagissent et, après le combat d'Oued el-Alleug, réoccupent définitivement Blida. Mais, de l'autre côté de l'Algérie, à l'ouest, l'émir, qui se déplace très rapidement, inflige quelques défaites à l'armée française. Pour les Arabes, 1839 reste cependant une année terrible : la misère due à l'effort de guerre, la sécheresse et bientôt le choléra font des ravages dans la population. Certaines tribus abandonnent l'émir et se rallient aux Français.

Devant la gravité de la situation, le gouvernement français prend de nouvelles mesures destinées à résoudre définitivement le conflit : il n'est plus question d'occuper seulement les côtes mais de soumettre tout le pays. Le général Bugeaud est nommé gouverneur général de l'Algérie le 22 février 1841. Il a les pleins pouvoirs et dispose d'une armée de cent mille hommes. Mais surtout il a compris la stratégie d'extrême mobilité de l'émir et va s'y adapter. Ses troupes sont désormais constituées de colonnes légères et redoutables qui ne lésinent plus sur les moyens utilisés : la tactique de la terre

Avant d'être identifié par la légende à la conquête de l'Algérie, le général Bugeaud (1784-1849), digne représentant d'une petite noblesse rurale promu par l'Empire et les Orléans, avait exprimé son opposition à « cette possession onéreuse », qu'il faudrait, avait-il prophétisé, « quitter tôt ou tard ».

Le peintre orientaliste Adrien Dauzats, qui suivit l'expédition aux Portes de Fer, s'est abandonné à la fascination de l'admirable paysage (à gauche). À droite, un soldat immortalise l'évènement en gravant la date (« 28 octobre 1839 ») sur la roche.

brûlée, mise au point à cette occasion, est pratiquée par de petites unités que les chroniqueurs baptiseront « les colonnes infernales ». Les campagnes vont se succéder sans interruption. Bugeaud contourne Abd el-Kader en brûlant ses silos à grain et en détruisant tout sur son passage.

En France, les images de propagande campent volontiers un émir Abd el-Kader à la mine patibulaire. Revenant d'un *Voyage au camp d'Abd el-Kader* (1838), Adrien Berbrugger s'insurge à la vue de cette « ridicule lithographie (à gauche). L'artiste, qui a travaillé d'imagination, s'est cru obligé de donner à l'émir l'aspect rude et sanguinaire d'une espèce de Barbe-Bleue. »

DEFENSE HEROIQUE
GLOIRE A L'ARMÉE FRANÇAISE.

C'est la guerre totale qui entraîne la chute des villes de l'émir : Boghar, Thaza et Taqdemt, Mascara. Bugeaud détruit même La Guetna de Mahieddine et prend Saïda. Les villes sont brûlées, les entrepôts et les fabriques détruits. Dès l'automne 1841, l'Oranie et le Titteri sont conquis. L'année suivante, Bugeaud prend Tlemcen et occupe les limites du Maroc afin de barrer la route à l'émir qui se déplace sans cesse.

Abd el-Kader repart vers l'est, talonné par les troupes du général de Lamoricière. Toute l'année se passe en courses-poursuites, en accrochages. Au plus fort de la bataille, alors que Miliana est reprise par les Français, l'émir reprend Nedroma, avant de regagner le Tell. Chaque fois il doit rallier les tribus, punir les transfuges et trouver sans cesse de la nourriture pour ses troupes et du grain pour ses chevaux. Les silos à grain sont détruits, le choléra menace, la sécheresse sévit, les récoltes sont inexistantes ou brûlées et pillées par les Français. L'autorité de l'émir s'effrite peu à peu et son charisme

ne suffit plus à rallier les tribus. Épuisés et affamés, les cavaliers l'abandonnent en nombre, se rendent ou retournent au Sahara.

La prise de la smala

Après la prise de Taqdemt, l'émir a créé une capitale mobile, la smala, immense campement de tentes qui le suit dans ses déplacements incessants. « Ma smala comprenait des armuriers, des selliers, des tailleurs, en fait tous les métiers nécessaires à son organisation. Il s'y tenait un marché immense fréquenté par les Arabes du Tell. Quant à notre grain,

La conquête de l'Algérie est aussi une guerre d'images : à Mazagran, suite à une provocation odieuse des Français, la population indigène avait assiégé le fortin où les soldats s'étaient retranchés. La propagande française se saisit de l'événement pour susciter un élan de solidarité en faveur d'une intervention à outrance en Algérie.

blé ou orge, il nous était apporté à moins que nous ne le fissions venir des tribus du Nord. Au moment où ma smala fut attaquée, elle s'étirait de Taguin jusqu'au djebel Amour. Je me trouvais alors près de Taqdemt et j'avais avec moi mille cinq cents cavaliers, ben Kharoub était avec les Flittas, ben Alla dans l'Ouarsenis, je n'avais jamais pensé que j'eusse raison de craindre une telle infortune. »

L'année 1843 marque un tournant avec la prise de la smala d'Abd el-Kader le 16 mai. Par un coup de main audacieux, car un traître avait indiqué l'emplacement de la capitale de l'émir, le fils du « roi des Français » Henri Eugène Philippe Louis d'Orléans, duc d'Aumale, suivant à bride abattue le colonel Yusuf alias Joseph Vantini et ses soldats indigènes (spahis), investit le camp, avec quelques cavaliers, prend la tente de l'émir, absent car il combat plus au sud, disperse ses manuscrits aux quatre vents – la passion d'Abd el-Kader pour les livres n'avait pas faibli et même dans cette smala mobile il se préoccupait d'avoir toujours ses coffres remplis de textes et de livres auprès de lui – et fait quelques prisonniers, surtout des femmes, des enfants, des vieillards et des blessés. Pendant les mois qui suivent, l'armée française va pourchasser l'émir qui lui échappe encore : il est dans l'Ouest, il est au sud, toujours mobile mais harcelé et épuisé. Il crée une mini-smala, la *daïra*, pour protéger les femmes, les vieillards et les blessés qu'il envoie se réfugier au Maroc où les tribus Djbala du Rif lui offrent assistance.

Les tentes des soldats réguliers, infanterie et cavalerie, forment le cercle. [...] Au milieu s'élève l'*outak* du sultan : à sa droite et à sa gauche, sont placées les tentes de ses secrétaires, des hauts fonctionnaires. Dans l'intérieur du camp sont les tentes des cavaliers auxiliaires dominées par celles des *khalifas* et de leurs chefs.

Léon Roches,
*Trente-deux ans
à travers l'Islam*

1	2	3

La prise de la smala ne fut pas une grande victoire militaire. Mais la personnalité du commandant de l'opération et le fait que l'armée française fit ainsi intrusion dans l'intimité de l'émir (sa mère et sa femme furent même prisonnières, avant de s'échapper à la faveur de la confusion qui s'ensuivit) donnèrent à l'événement une haute valeur symbolique qu'il convenait de célébrer avec un lustre particulier. On commanda donc immédiatement à Horace Vernet une immense composition, la plus grande peinture d'histoire jamais réalisée (plus de 21 mètres de longueur, près de 100 mètres carrés). Elle fut le clou du Salon de 1845. Autour du fils du roi, dont la conduite virile devint légendaire (« un homme de mon sang ne recule jamais »), et d'Ismaïl Urbain, un saint-simonien faisant ici office d'interprète, chacun de ceux qui s'étaient illustrés dans le combat figure (avec son nom dûment répertorié dans la brochure distribuée lors de l'exposition). Le colonel Yusuf, qui dirigeait un détachement de spahis, n'a droit qu'à une apparition dans les lointains.

1 M. D'Épinay, *Capitaine au 4ᵉ Chasseurs*
2 M. Lichtlin, *Lieutenant au 1ᵉʳ Chasseurs d'Afrique*

3 M. Beuré, *Chirurgien-major*
4 M. Dupin, *Capitaine d'État-major*
5 Dreux, *1er soldat, 4e Chasseurs*
6 M. Morris, *Lieutenant-Colonel du 4e Chasseurs*
7 Lemoine, *1er soldat, 4e Chasseurs*
8 Kriner, *1er soldat, 4e Chasseurs*

9 Hitzmann, *1er soldat, 4e Chasseurs*
10 Potier, *1er soldat, 4e Chasseurs*
11 Chamber, *Maréchal des Logis, Gendarme d'Afrique*
12 M. Durrieu, *Capitaine d'État-major*
13 M. de Marguenat, *Officier d'Ordonnance, 17e Léger*

14 M. Grandjean, *Capitaine de Gendarmerie*
15 M. de Canelaux, *Sous-Lieutenant au 4ᵉ Chasseurs*
16 M. Cadic, *Capitaine Adjudant-major*
17 M. Grandvallet, *Capitaine au 4ᵉ Chasseurs*
18 M. de Beaufort, *Officier d'Ordonnance du Prince*
19 Aboudi, *Porte-fanion*
20 *Le Commandant* Jamin, *Aide de Camp du Prince*

21 S.A.R. Mᵍʳ le Duc D'Aumale
22 *La fille de* Sidi-Embarak
23 M. Urbain, *Interprète*
24 *Famille de* Ben-Allal
25 Sid-el-Aradj, *Marabout (qui a sacré Abd el-Kader)*
26 Laroche, *Maréchal des Logis, Chasseurs d'Afrique*

27 M. Delage, *Sous-Lieutenant
au 4ᵉ Chasseurs*
28 Léra, *Espagnol, déserteur de la Légion
étrangère*
29 Ben Aïssa, *Porte-fanion*
30 M. Legrand, *Lieutenant aux Spahis*
31 *Le Colonel* Yusuf, *Commandant
les Spahis*

32 Lilla-Zahra, *Mère d'Abd el-Kader*
33 M. de Breteuil, *Sous-Lieutenant
aux Spahis*
34 M. Fleury, *Lieutenant aux Spahis*
35 M. Piat, *Capitaine aux Spahis*
36 Sidi-Embarak, *Commandant la Smala*

37 *Famille de* Mohammed-bel-Karoubi,
Marabout et Chancelier d'Abd el-Kader

La retraite marocaine

Harcelé par les troupes françaises, Abd el-Kader
réussit pourtant à passer entre les lignes ennemies
et se réfugie au Maroc avec ce qu'il lui reste d'armée
et quelques fidèles. Il ne fera plus que de brèves
incursions en Algérie. L'émir obtient du sultan Abd
al-Rahmân non seulement l'asile mais l'engagement
des troupes marocaines contre la puissance coloniale
française. En réponse, l'escadre du prince de Joinville
bombarde Tanger puis Mogador tandis que les troupes
de Bugeaud écrasent l'armée marocaine à la bataille
d'Isly, le 14 août 1844. Cette défaite des troupes
marocaines à l'oued d'Isly marque un tournant
de la guerre : le 10 septembre, le Maroc signe le traité
de paix de Tanger dans lequel Abd el-Kader est
déclaré hors la loi « dans toute l'étendue de l'Empire
du Maroc et de l'Algérie ». La convention de Lalla
Maghnia du 18 mars 1845 fixe les limites entre
l'Algérie et l'Empire chérifien.

Le maréchal Bugeaud
(ci-dessus, à droite,
en veste blanche) lors
de la bataille d'Isly.
« Les Marocains, écrira-
t-il plus tard, se sont
montrés très audacieux
mais la confusion
rendait leurs efforts
impuissants ; les plus
braves venaient se faire
tuer à bout portant.
Il ne leur manquait
pour bien faire, que
la force de l'ensemble
et une infanterie
constituée pour appuyer
le mouvement. »
Cette victoire, dont
l'importance fut sans
doute surestimée, valut
à Bugeaud le titre
de duc d'Isly.

Les colonnes infernales

En 1845 l'Algérie n'est pas encore soumise bien que la colonisation progresse peu à peu. Tandis que Bugeaud harcèle les tribus de l'Ouarsenis et de la vallée du Chélif (mai 1845), plusieurs insurrections violentes se produisent ça et là. Dans le massif du Dahra, à l'est de Mostaganem, Muhammad ben Abdallah, un Berbère chleuh surnommé Bou Maza, « l'homme à la chèvre », soulève les populations. Le gouvernement français donne des ordres à l'armée : ne pas laisser un homme ni un arbre debout dans ce pays. La répression des colonnes infernales de Bugeaud est effroyable, à l'exemple du terrible épisode des grottes du Dahra où le colonel Pélissier sacrifie toute la tribu des Ouled Riah, « enfumée comme des bêtes puantes ». La même férocité se répète quelques semaines plus tard avec le général Saint-Arnaud qui traque Bou Maza et fait murer les grottes où s'est réfugiée la tribu des Sbéa. L'insurrection qui s'étend jusqu'en Kabylie est finalement stoppée par l'intervention de Bugeaud.

Parmi les exactions commises sur les populations civiles, les massacres des grottes du Dahra sont sans doute l'un des épisodes les plus terribles. L'« enfumade » perpétrée par le colonel Pélissier, qu'on pourrait qualifier de crime contre l'humanité, suscite une vive émotion dans l'opinion publique française. Lors d'une séance houleuse à la Chambre des pairs, Soult, président du Conseil et ministre de la Guerre, se contente de relativiser : « En Europe, un pareil fait serait affreux, détestable. En Afrique, c'est la guerre elle-même. »

Mais l'armée française connaît quelques revers : Abd el-Kader défait encore les Français dans la vallée de la Tafna, à Sidi Brahim (septembre 1845) où deux cents soldats se rendent sans combat à la cavalerie de l'émir. Celui-ci sera bien embarrassé de tant de prisonniers car il lui faut secourir et nourrir aussi tous ses blessés. Les Algériens sont accablés par cette guerre et certains se laissent aller à massacrer des prisonniers français malgré les consignes strictes de l'émir pour les épargner et les soins que leur prodigue sa mère qui veille en son absence à la tenue de ses fidèles.

La lithographie de Tony Johannot (ci-dessus), « pleine de romantisme et d'invraisemblance », laisse croire que les suppliciés se sont entre-tués.

En 1846 la guérilla devient de plus en plus
difficile et l'émir doit couvrir un territoire immense
de plus en plus contrôlé par l'armée française :
une ultime tentative d'Abd el-Kader pour soulever
la Kabylie échoue. Les chefs de tribu ne le suivent
plus et nombreux sont ceux qui, de guerre lasse ou
contre quelques promesses ou avantages, se rallient
aux Français. Pourchassé, Abd el-Kader se réfugie
de plus en plus souvent dans le Rif marocain où
il est rejoint par Bou Maza. Pendant deux hivers
encore l'émir est partout : il a déjà été blessé
plusieurs fois dont une sévèrement à la bataille de
Sidi Brahim. Il fait le coup de feu à Aît Témouchent,
fonce vers l'oued Isser avec Yusuf sur ses traces,
file vers Boghar pour se ravitailler auprès des
Ouled Naîls, mais ceux-ci n'ont plus de fourrage
car Bugeaud a interdit les parcours de pâturage
du Nord aux tribus.

La reddition

En 1847 les désastres s'accumulent : Hamidi,
l'envoyé spécial de l'émir auprès du sultan du
Maroc, est exécuté par celui-ci car Abd el-Kader
représente de plus en plus un danger intérieur et
extérieur pour le souverain chérifien ; ben Aïssa
Barkani, son gouverneur de Médéa, périt à Taza ;
ses frères se rendent. Puis interviennent la reddition
à Bugeaud de ben Salem, son *khalife* (lieutenant)
préféré, et celle de Bou Maza à Saint-Arnaud.
Ces échecs sont maigrement compensés par une
victoire sur les troupes de Mouley Hachem, neveu
du sultan du Maroc.

Traqué dans le Rif par les Marocains, l'émir doit
se rendre aux Français le 23 décembre 1847.
Le général de Lamoricière lui promet de l'envoyer
à Saint-Jean-d'Acre ou à Alexandrie. Il écrira plus
tard : « J'aurais désiré [le] faire plus tôt : j'ai attendu
l'heure que Dieu m'avait fixée. Le général m'a
donné sa parole en laquelle j'ai entière confiance.
Je ne crains pas qu'elle soit rompue par le fils
d'un aussi grand roi que le roi des Français. »

Il a longuement réfléchi sur l'alternative jihad
ou *hijra* (« exil ») Par compassion pour la souffrance

Le 24 décembre 1847,
dans le port de
Ghazaouet (ci-dessus),
une cérémonie
officielle consacre
la reddition d'Abd
el-Kader.

de son peuple il choisit d'arrêter le combat et de prendre le chemin de l'exil, soulagé par ce verset du Coran qu'il médite : « À celui qui a accompli l'exil pour plaire à Dieu et à Son Envoyé son émigration lui sera comptée comme accomplie en vue de Dieu et de Son Envoyé. »

Le combattant, *mujahid*, devient *muhajir*, l'émigré.

Afin de marquer solennellement sa décision de cesser le combat, l'émir fait don de son cheval noir au duc d'Aumale.

Trompé par le gouvernement français, Abd el-Kader est retenu captif en France durant quatre ans. Son combat n'est pas terminé mais s'exerce désormais par la parole et la plume. À ses visiteurs, nombreux et prestigieux, il s'attache à exposer le vrai visage de l'islam et crée dans sa résidence forcée d'Amboise un véritable salon littéraire et philosophique.

CHAPITRE 3

L'EXIL, *AL-HIJRA*

Ce tableau de 1853 est le premier portrait posé d'Abd el-Kader. Il va fixer durablement son image, faite de dignité et de piété. Durant près de quatre ans, les citoyens d'Amboise entendront les appels à la prière du muezzin de la communauté algérienne, en exil au château (ci-contre).

En ce jour froid de Noël 1847 l'*Asmodée*, la frégate qui emmène Abd el-Kader et une partie de sa famille en exil, subit les assauts d'une Méditerranée déchaînée comme si la mer comprenait le sort tragique des soixante-dix prisonniers blessés et désorientés, embarqués à la hâte dans le petit port de Ghazaouet, à l'ouest d'Oran.

Les représentations du « gynécée » d'Abd el-Kader sont rares. Toutes ses femmes vivaient ensemble sous l'autorité de Lalla Zohra, la mère de l'émir (ci-dessous avec son fils aîné, Mohamed, l'une de ses

Janvier 1848 : la prison

À son arrivée dans la rade de Toulon, le 29 décembre, aucune décision gouvernementale n'a été prise sur le sort d'Abd el-Kader et de sa famille. Si le roi paraît favorable au transfert de l'émir vers Alexandrie, les deux Chambres, soutenues par une partie de l'opinion publique, y sont hostiles. « L'ancien émir, écrit *La Revue des Deux Mondes*, serait là sur le passage de toutes les caravanes qui vont en pèlerinage et qui prendrait de lui le mot d'ordre en attendant son retour. »

filles, Kheïra-Zohra, sa troisième épouse tenant un petit garçon dans ses bras, sa deuxième femme, et la vieille nourrice de l'émir, Lalla Mora). Ci-dessus, le port de Toulon en 1845.

Le 10 janvier 1848, l'émir et sa suite sont finalement séparés en deux groupes : les uns sont placés au fort Malbousquet tandis qu'Abd el-Kader et ses proches sont incarcérés au fort Lamalgue. Le reste de la famille arrivera quelque temps après mais ses frères seront enfermés dans l'île Sainte-Marguerite.

Le colonel Daumas, ancien représentant de la France auprès d'Abd el-Kader à Mascara, est dépêché par Paris pour obtenir de lui qu'il renonce aux promesses faites par Lamoricière :

à la stupéfaction succèdent la colère et l'abattement. Les conditions de détention sont particulièrement pénibles, en particulier pour la mère et les femmes de l'émir. Les cachots de la forteresse bâtie sur la mer sont humides et les enfants et les vieillards malades ne supportent pas le froid. Abd el-Kader écrit à Louis-Philippe afin de protester contre ce traitement mais… le gouvernement change et la république remplace la monarchie : les Français ont d'autres soucis !

Comment gérer l'imprévisible ? À son habitude Abd el-Kader prie, et médite. Il s'interroge sur l'abandon dont il se sent coupable et c'est Ibrahim (Abraham), « l'ami intime » pour les musulmans pieux, qui lui apparaît en rêve pour lui indiquer la mission dont Dieu l'a chargé : le grand jihad, c'est-à-dire la lutte contre les passions. Mais en même temps, comme il a cessé le combat, il sera un guide spirituel en Orient, un exemple pour l'Occident.

❝Votre commissaire [Émile Ollivier] est venu me voir. Il m'a informé que les Français, d'un seul accord, avaient aboli la royauté et décrété que leur pays serait désormais une république. Je me suis réjoui de cette nouvelle car j'ai lu dans les livres que cette forme de gouvernement a pour but de déraciner l'injustice et d'empêcher le fort de faire violence au faible. Vous êtes des hommes généreux et vous désirez le bien de tous ; vos actes sont supposés être dictés par l'esprit de justice. Dieu vous a désignés pour être les protecteurs des malheureux et des affligés. Je vous tiens, par conséquent, pour mes protecteurs naturels. Écartez le voile de la douleur qu'on a jeté sur moi. Je demande justice de vos mains. […] Je me suis rendu de ma propre volonté libre. Certains d'entre vous peuvent s'imaginer que, regrettant la solution que j'ai prise, je nourris encore l'intention de retourner en Algérie. Cela ne sera jamais. Je peux maintenant être compté parmi les morts. Mon seul désir est d'être autorisé d'aller à La Mecque et à Médine, pour y prier et adorer le Dieu Tout-Puissant jusqu'à ce qu'Il me rappelle à Lui.❞

Lettre d'Abd el-Kader au gouvernement français, mars 1948

Devenu général, Daumas fait campagne pour que l'on détienne Abd el-Kader et les siens sinon ailleurs du moins dans de meilleures conditions. La nouvelle République envoie le député marseillais Émile Ollivier, qui découvre un vaincu révolté par le manque de parole de la France.

Militaire de carrière, Eugène Daumas (1803-1871) (à gauche), qui avait fait ses classes en Algérie, avait séjourné comme consul auprès d'Abd el-Kader pendant la période de paix armée qui avait suivi le traité de La Tafna en 1837.

Mais le nouveau régime ne sait que faire de cet encombrant prisonnier. On craint toujours son influence en Algérie malgré le serment renouvelé de l'émir de se retirer du monde.

Car la colonisation est en marche – le nombre des colons est passé de 25 000 en 1840 à 109 000 en 1847. Sous la IIe République, la conquête se poursuit et une véritable politique de peuplement se met en place : proscrits de 1848 et nouveaux colons vont venir s'installer sur les nouvelles terres que l'État français distribue au détriment des tribus qui sont refoulées.

L'exil à Pau

Le gouvernement provisoire décide finalement de transférer les prisonniers au château de Pau. Le 28 avril 1848, trois bateaux quittent le port de Toulon et emmènent l'émir et les siens vers Sète. Puis la petite troupe emprunte des péniches pour rejoindre Toulouse par le canal du Midi. De là, à cheval et par la poste, le convoi, escorté par des chasseurs à cheval et des gendarmes, gagne Pau par la route des Pyrénées. Abd el-Kader découvre au cours de ce périple la richesse de la France agricole qu'il traverse et il comprend encore moins ce que les Français sont venus faire dans son propre pays si pauvre et si mal irrigué !

Les prisonniers arrivent au château natal d'Henri IV le 29 avril dans la nuit. Un enfant est

Arabisant, bon connaisseur de la société algérienne sur laquelle il devait écrire plusieurs ouvrages, Daumas est chargé d'accueillir l'émir captif et de lui faire accepter la volonté du gouvernement de le maintenir prisonnier en France. De Toulon à Pau, puis à Amboise, les deux hommes ont ensemble de longues conversations qui portent notamment sur le cheval – Daumas prépare alors son ouvrage sur les « chevaux du Sahara ».

LEMAIRE

mort pendant le trajet et l'un des fils de l'émir décédera quelques jours plus tard. La ville de Pau, tout d'abord réticente à recevoir cet étrange prisonnier et sa suite, plus hétéroclite qu'exotique, va peu à peu se passionner pour lui : le prisonnier reçoit la visite des ecclésiastiques puis des notables et des officiers ; enfin les femmes réussissent à nouer quelques liens avec sa famille. Le gouverneur Zaragossa et surtout la famille du colonel de Boissonnet, l'interprète, lient une véritable amitié avec l'émir. Boissonnet le suivra d'ailleurs jusqu'à Amboise puis à Brousse en Turquie.

Les prisonniers de l'île Sainte-Marguerite ont rejoint la famille et Abd el-Kader organise les prières et les réflexions sur les événements qu'ils viennent de vivre, en particulier avec son beau-frère Mustafa ben Thami, qui lui sert de secrétaire et avec qui il entreprend d'écrire le récit de leur combat en Algérie. L'ancien évêque d'Alger, Mgr Dupuch, est alors le plus actif de ses visiteurs et de ses soutiens.

Les troubles politiques marquant la révolution de 1848 provoquent l'une des vagues de colonisation de peuplement en Algérie (ci-dessus, des proscrits embarqués de force). Économique autant que politique, cette émigration vers le sud rencontre toutes les difficultés possibles : prise entre le lobby colonial et une armée française souvent opposée à son installation, elle doit affronter un milieu rude et peu sûr et se heurte à une population indigène hostile.

C'est en effet à ce moment-là que se constitue en France l'image positive de l'émir : plusieurs de ses anciens prisonniers, appuyés et relayés par des journaux, organisent ce que l'on pourrait appeler un « parti kadérien ». Les visites se font de plus en plus nombreuses. On voit même arriver à Pau d'anciens prisonniers qui avaient bénéficié des soins attentifs de la mère de l'émir, venus se mettre au service de la petite famille. Bugeaud lui-même défendra, jusqu'à sa mort en 1849, la cause de l'émir. Au fond, la France reconnaît en lui un noble et grand ennemi qui doit être traité en conséquence.

Pourtant, lorsque Abd el-Kader écrit (lettre du 8 juillet 1848) au nouveau ministre de la Guerre, le général de Lamoricière, en lui rappelant sa promesse, celui-ci non seulement ne répond pas mais fait interdire les visites et même la correspondance. L'émir est excédé par cette injustice et s'interroge sur le destin que Dieu lui réserve : il ose le nommer « lâcheur » ! Un vent de désespoir souffle sur le froid château au point qu'il est question de suicide collectif.

Au sein du gouvernement, les avis sont partagés sur le sort qu'il convient de réserver au prisonnier : certains craignent que sa captivité fasse de lui un martyr, d'autres veulent éviter qu'il soit « récupéré » par les Anglais si on le conduisait en Orient. De nombreuses protestations arrivent de plusieurs pays européens, émanant en particulier de personnalités anglaises qui avaient soutenu Abd el-Kader dans son combat prestigieux. Finalement, après de longs débats contradictoires, la décision est prise de le transférer à Amboise, en attendant de trouver une issue honorable.

Au château d'Amboise

Le 3 novembre, Abd el-Kader et toute sa famille gagnent Bordeaux où l'émir reçoit un accueil chaleureux. Un bateau les emmène à l'embouchure de la Loire qu'ils remontent en barge plate jusqu'au château d'Amboise où Abd el-Kader est mis en résidence le 8 novembre.

Le séjour à Amboise sera moins dur qu'à Pau. Certes de nombreux décès de femmes et d'enfants

La famille de l'émir après qu'elle eut été reconstituée, avec les proches et les serviteurs, comptait plus de cent personnes. « De tous les coins de la France, écrit Charles Henry Churchill, on venait en foule frapper aux portails du château [de Pau]. »

attristeront la famille de l'émir mais les prisonniers jouiront d'une bien meilleure installation et même de quelques libertés. La famille pourra nouer des liens avec les ecclésiastiques de la région et les religieuses venues les soutenir.

« S'il voulaient m'écouter... »

Abd el-Kader a repris une vigueur aussi bien intellectuelle que physique. Il organise la vie religieuse, sociale et économique de sa petite communauté et tient une sorte de salon littéraire

À Pau puis à Amboise (ci-dessus), dans les transbordements d'un château à l'autre, ces Algériens aux costumes pittoresques et aux pratiques étranges provoquaient la curiosité publique, intéressée et amusée d'abord, fascinée ensuite.

et philosophique. Les visiteurs sont aussi nombreux que divers : ecclésiastiques, savants, commerçants, militaires qui viennent discuter « religion » avec ce « maure, barbare, sarrasin, mahométan » qui a résisté si longtemps à la France. Abd el-Kader surprend tout le monde par son érudition. Le vicomte de Falloux raconte dans un journal parisien qu'il a rencontré un musulman expliquant mieux le Verbe de Dieu et la nature du Christ que ses propres prêtres... Abd el-Kader commence ainsi une action pédagogique sur l'islam en direction des Français, premier dialogue islamo-chrétien en quelque sorte : « Si les musulmans et les chrétiens m'écoutaient je ferais cesser leur antagonisme et ils deviendraient frères à l'intérieur et à l'extérieur. » L'émir écrit beaucoup : des textes qui relatent sa période de résistance en Algérie, des réflexions sur ce qu'il voit de la France – il découvre le train à vapeur ! – mais aussi des

Le pouvoir militaire qui s'installe en Algérie met en place un système d'administration (ci-dessous, un Bureau arabe) fondé sur certaines alliances avec les aristocraties indigènes. Les officiers d'extraction nobiliaire partagent avec elles le goût pour les grandes chasses et l'amour des chevaux, une nostalgie guerrière pour un régime aristocratique mis en cause depuis la grande Révolution française. Un relent d'Ancien Régime survit aux marges du Sahara.

lettres aux autorités en faveur des siens qui, en Algérie, sont prisonniers ou maltraités. Là-bas, la colonisation se poursuit : les biens de l'émir comme ceux des tribus ont été saisis. L'installation des colons implique en effet que l'on donne des terres aux nouveaux arrivants comme le stipule la loi sur la propriété indigène en Algérie du 18 juin 1851. Une double administration est mise en place, civile pour les colons, militaire pour les colonisés par le biais des Bureaux arabes, créés dès 1844.

La libération

L'évolution politique française se montre soudain favorable à Abd el-Kader : le 2 décembre 1851, l'Assemblée législative est dissoute par le coup d'État mené par Louis Napoléon Bonaparte. Plus rien ne s'oppose à la libération de l'émir : ardent défenseur d'Abd el-Kader, le prince-président vient lui-même à Amboise, le 16 octobre 1852, pour lui annoncer la fin de sa captivité : l'émir est libre de s'installer en Turquie, première étape pour faciliter son installation ultérieure à Damas. Il recevra le soutien de la France car les Ottomans ne sont pas désireux d'accueillir ce Maghrébin qui leur reproche l'abandon d'une partie du Dar al-Islam. En outre, la France lui versera une pension substantielle.

La Turquie n'est pas l'Algérie, mais pour l'émir il ne s'agit plus d'exil : il rejoint son pays d'origine puisque ses ancêtres venaient du Hijâz [au nord de la Mecque], et le lieu de sa foi, l'Orient vertical, le Dar al-Islam, la terre de la soumission à la volonté de Dieu. Outre le souci de mettre sa famille à l'abri, son salut spirituel est son seul but.

Les entretiens d'Abd el-Kader avec ses nombreux visiteurs sont pour l'émir une source d'inspiration féconde. Il rédige ainsi plusieurs écrits à l'usage des Français. Tous portent la marque de sa recherche éperdue de connaissance mais aussi de sa tolérance à l'égard de cette société qui l'a écrasé et trahi. « L'écriture, dit-il, est supérieure au signe et à la parole et plus utile ; car la plume, quoiqu'elle ne parle pas, se fait entendre des habitants de l'Orient et de l'Occident. [...] Sans elle il ne s'établirait parmi les hommes ni religion ni société. »

Tout au long de son parcours d'Orléans à Marseille via Paris et Lyon – chemin de fer, bateau, poste… –, il est chaleureusement accueilli comme un héros positif. « Abd el-Kader est devenu le lion de nos réjouissances », écrit *L'Illustration* du 28 octobre 1852 : le « parti kadérien » a réussi au-delà de ses espérances initiales. L'émir fascine par son charisme mais surtout grandit la France qui a su triompher d'un tel ennemi.

Le 2 décembre 1852, jour de la proclamation du second Empire, Abd el-Kader est reçu par l'empereur aux Tuileries. À cheval, l'émir passe en revue les troupes devant les Invalides… escorté par les généraux qui menèrent une guerre sans merci contre lui ! L'amitié et le soutien matériel de Napoléon III ne se démentiront jamais, témoins d'une fidélité indéfectible et réciproque. L'émir s'en explique dans une longue lettre adressée à celui qu'il appelle « le neveu du musulman d'Égypte ! » en référence à l'expédition de Bonaparte : « Vous avez eu confiance en moi […]. Vous m'avez donné ma liberté et sans m'avoir fait de promesses vous avez rempli des engagements que d'autres avaient faits sans les tenir […]. Je viens donc vous jurer […] que je ne ferai rien de contraire à la confiance que vous avez mise en moi et que je tiendrai religieusement mon serment de ne jamais retourner en Algérie. […] Lorsque Dieu m'enjoignit de me lever, je me suis levé : j'ai fait parler la poudre jusqu'à l'extrême limite de mes moyens

« Abd el-Kader, je viens vous annoncer votre mise en liberté. Vous serez conduit à Brousse, dans les États du Sultan, et vous y recevrez du gouvernement français un traitement digne de votre rang. » Telles sont les paroles par lesquelles, selon la chronique, le prince-président ouvrit l'entrevue avec l'émir, lors de son passage à Amboise le 16 octobre 1852 (à droite, tableau d'Ange Tissier, peint après 1860).

et de mes possibilités. Mais quand il m'a ordonné de cesser je me suis arrêté. Ce fut alors que j'ai renoncé au pouvoir et que je me suis rendu. Ma religion et mon honneur m'ordonnent, l'une comme l'autre, d'honorer mon serment et de mépriser le parjure. Je suis un descendant du Prophète et personne ne pourra jamais m'accuser de forfaiture. »

Au terme de cet exil qui lui a fait découvrir la civilisation occidentale et chrétienne, l'émir a compris que le jihad n'est pas réductible à la guerre, si juste fût-elle, mais que sa mission est d'éclairer l'Occident par l'Orient dans une nouvelle alliance. Son destin est désormais scellé : il sera le *barzakh*, l'isthme des isthmes, un *murshid*, un maître, un homme-pont entre Occident et Orient et entre Dieu et ses créatures.

Abd el-Kader, qui en conçoit une gratitude durable, et ne veut pas quitter le territoire avant le référendum-plébiscite rétablissant l'empire, accepte volontiers de visiter Paris (page de gauche). Ses différentes rencontres avec l'empereur sont célébrées dans un légendaire qui rappelle celui de l'expédition d'Égypte.

« Il a fait confluer les deux mers pour qu'elles se rencontrent […]. Les perles et le corail proviennent de ces deux mers. » Se référant aux versets du Coran, Abd el-Kader répond à la convocation divine. Revenu en terre d'Islam, il va se consacrer au grand jihad et accomplir son destin d'« homme-pont ».

CHAPITRE 4

LE RETOUR EN ORIENT

•• Les deux mers figurent la loi révélée et la réalité : l'isthme entre les deux représente le connaisseur de Dieu. L'isthme est toujours entre deux contraires ; il est en mouvement et en repos, à la fois nomade et sédentaire. Il est donc entre ces deux feux, le feu de la Loi et celui de la réalité. ••
Abd el-Kader,
Kitâb al-mawâqif
[titre ci-contre]

Le 21 décembre 1852 le *Labrador*, qui emmène toute la famille d'Abd el-Kader, quitte le port de Marseille et fait route vers la Turquie. Il y a cinq ans jour pour jour que l'émir a cessé le combat. À présent, le grand jihad, la guerre contre les passions, commence pour lui. L'émir doit régner par son exemple et non plus par les armes.

Le séjour à Brousse

Le 7 janvier 1853 le navire accoste au pied de Topkapi dans le port d'Istanbul. Abd el-Kader est impressionné par la richesse des Ottomans. Il leur en veut d'autant plus de l'avoir abandonné dans sa lutte contre l'Infidèle. Depuis le début du XIXᵉ siècle, l'Empire ottoman est en pleine modernisation et les réformes engagées produisent des bouleversements tant sur les plans économique, militaire et administratif que religieux. Certaines régions, comme l'Égypte, s'émancipent peu à peu de la tutelle de la Sublime Porte. Les autorités ottomanes voient d'un mauvais œil l'arrivée de ce réfugié politique dont l'influence pourrait s'étendre rapidement dans la région, parmi les émigrés fuyant en nombre le Maghreb colonisé.

Abd el-Kader s'installe à Brousse (Bursa), non sans difficulté, avant d'acquérir une vaste propriété agricole. Il se lance dans des innovations techniques avec des ingénieurs qu'il fait venir d'Europe. Ses expériences continueront en Syrie car il est persuadé, par tout ce qu'il a vu lors de ses voyages et de sa détention, que la technologie occidentale peut aider

Située sur les hauteurs, la ville de Brousse, célèbre pour ses thermes antiques, est la résidence estivale de l'aristocratie d'Istanbul. C'est aussi un haut lieu de l'islam ottoman, avec ses nombreuses écoles, ses mosquées, ses mausolées (les turbés verts), ses couvents (*tékké*), ses confréries. L'émir y est mal accueilli par les autorités locales et par les élites religieuses qui méprisent ce « petit marabout moghrébin » (selon la formule de l'époque que l'on trouve dans les archives). Jamais il ne sera admis par les savants turcs de la région pas plus qu'il ne trouvera de partisans en Turquie.

les peuples orientaux à rester maîtres de leur avenir économique et politique. Son activité principale consiste à régler des problèmes familiaux et caritatifs. Les réfugiés qui arrivent d'Algérie, victimes de la politique française d'expulsion et d'expropriation, sont de plus en plus nombreux et Abd el-Kader s'en plaint vigoureusement auprès de l'ambassade de France. Ses frères et ses oncles font d'ailleurs plusieurs allers-retours entre l'Algérie, la France et la Turquie. Il recueille des dizaines de personnes égarées – y compris les filles de l'ancien dey d'Alger, pourtant turques !

En 1854, après le tremblement de terre qui ravage Brousse et dans lequel il voit un signe de Dieu, Abd el-Kader profite d'une invitation en France (son premier retour) pour convaincre Napoléon III de le laisser enfin s'installer à Damas. Il quitte la Turquie sans regret et se rend d'abord au Liban. De Beyrouth à Damas, sa caravane rencontre tout le long du parcours un accueil chaleureux de la part des populations arabo-musulmanes.

L'ère des grandes réformes (Tanzimat), de l'Empire ottoman débute sous le règne du sultan Mahmud II (1808-1839) (ci-dessus), qui entreprend la modernisation de l'administration et de l'armée – en 1826, il supprime le corps tout-puissant des janissaires. Cette politique est poursuivie et amplifiée par son successeur Abdul Médjîd (1839-1861), qui, en 1839, promulgue l'une des réformes les plus révolutionnaires, la charte de Gûl-hane : l'égalité de tous les sujets ottomans devant la loi, une répartition des impôts selon des critères non religieux, l'instauration d'un enseignement moderne, ainsi qu'un service militaire régulier. Abd el-Kader est hostile à certaines de ces réformes car, dit-il, elles portent atteinte au droit musulman.

La légende de l'émir a été propagée en Orient par les nombreux émigrés maghrébins qui sont venus s'installer dans cette Grande Syrie appelée le Bilad al-Cham («pays de Cham», c'est-à-dire la Syrie et l'Irak actuels jusqu'au golfe Arabo-Persique, y compris la Palestine jusqu'à Akaba) et qui l'attendent comme chef et guide de leur communauté. Ils constituent déjà une sorte de groupe de pression dont se plaignent les autorités ottomanes auprès de l'ambassade de France.

Damas : le triomphe mystique

Abd el-Kader s'installe à Damas en cette année 1855, avec tous ses gens, doté par le gouvernement français d'une confortable pension. Il y vivra jusqu'à sa mort sauf pendant les périodes de ses séjours en Arabie, s'affirmant comme l'un des plus grands mystiques de l'Islam contemporain. L'émir a choisi cette ville afin de se rapprocher de celui qu'il considère comme le plus grand des maîtres spirituels, Ibn 'Arabi (al-Cheikh al-Akbar). Il s'installe d'ailleurs dans la maison où le maître andalou est mort six siècles plus tôt et se consacre entièrement à l'étude et à la diffusion de ses enseignements. C'est donc tout naturellement qu'en 1857 il finance la première édition de l'œuvre majeure de son maître spirituel, les *Futuhat al-Makiyya* (*Les Illuminations de La Mecque*) dont il a fait recopier le manuscrit original à Konya, en Anatolie centrale, où il restait oublié de tous...

L'émir professe parallèlement dans des lieux différents un enseignement ésotérique et un enseignement public : l'après-midi dans une confrérie devant un public trié et choisi ; le soir, entre les deux prières, à la mosquée des Omeyyades où il donne des leçons et des consultations. L'islam distingue en effet une voie

La mosquée des Omeyyades (ci-dessus), l'un des plus beaux lieux de culte du Proche-Orient, a été construite en 705 par le calife al-Walîd.

exotérique orthodoxe, la *chari'a*, et une voie plus
intérieure, plus ésotérique, qui conduit à la révélation
immédiate de la vérité, la *haqiqa*.

L'enseignement de l'émir est un modèle de
tolérance : tout individu en prière, qu'il soit juif,
musulman, chrétien ou même idolâtre prie un seul
et même Dieu unique. C'est la théorie du *wahdat
al-wujud*, de l'unicité absolue de l'essence divine,
qu'il développe notamment dans son œuvre majeure,

Elle s'élève à
l'emplacement de la
basilique byzantine de
l'empereur Théodose.
Elle conserve la tête
coupée de saint Jean-
Baptiste (Nabî Yhaya),
au centre de la salle
de prière.

Kitâb al-mawâqif (*Le Livre des haltes, des stases, des états et des étapes*) : « Dieu est l'essence de tout adoré et tout adorateur n'adore que Lui. » Mais il va plus loin encore qu'aucun homme de foi ou de religion avant lui : toutes les prières, enseigne-t-il, s'adressent au Dieu unique, seule la forme diverge car chaque peuple a reçu la parole divine selon le mode spécifique qui lui correspondait : « Pour qui le veut le Coran [...] / Pour qui le veut la Torah / Pour tel autre l'Évangile / Pour qui le veut mosquée où prier son Seigneur / Pour qui le veut synagogue / Pour qui le veut cloche ou crucifix / Pour qui le veut Kaaba dont on baise pieusement la pierre / Pour qui le veut images / Pour qui le veut idoles / Pour qui le veut retraite ou vie solitaire / Pour qui le veut guinguette où lutiner la biche. »

Les émeutes de Damas

Cette immense compassion pour toutes les créatures de Dieu se manifestera de façon éclatante lors des émeutes antichrétiennes de 1860.

La modernisation rapide de l'empire soulève de violentes contradictions internes et ébranle le pouvoir ottoman. Le 16 février 1856, l'empire se dote de nouveaux statuts. Un texte décisif, le rescrit *Hatt-i Hümayoum*, met le feu aux poudres : il supprime la gestion autonome des communautés religieuses et instaure une sorte de citoyenneté sans référence à la religion. Les tribunaux gérant chaque communauté religieuse sont supprimés, la société est en quelque sorte sécularisée sans pour autant que soit assurée l'égalité de tous les sujets de l'empire. Les Arabes ont donc l'impression de perdre les avantages du tribalisme et du communautarisme sans vraiment bénéficier de la modernisation, trop éloignée de leurs conceptions religieuses. En outre, le système d'imposition est remis en question alors même que les régions supportent de moins en moins la suprématie d'Istanbul. Sous la pression des insurrections « nationalistes », soutenues par les puissances occidentales (Russie, France, Angleterre), l'empire a déjà perdu la Grèce, la Macédoine et la Crimée tandis que l'Égypte est presque autonome

Située au flanc du djebel Qâsyûn, premier contrefort de l'Anti-Liban, Damas est l'une des plus anciennes cités de la région, mentionnée dans la Bible. Conquise par les Assyriens puis romanisée et christianisée, elle devint la première capitale arabe en 635, quelques années seulement après la mort du prophète Mohamed, et le siège de la dynastie omeyyade. Cité ottomane sous Sélim Ier en 1516, elle le resta jusqu'à l'époque contemporaine. Grand centre intellectuel et religieux de l'Islam, elle n'en conserva pas moins une forte population chrétienne. Au XIXe siècle, la vieille capitale omeyyade est une cité agricole et commerciale dynamique, étape essentielle sur la route de La Mecque. Cosmopolite, la ville compte encore une importante communauté d'Arabes chrétiens (ici, près de Bab Tuma). Elle abrite aussi une diaspora maghrébine née des exodes successifs dès le début de la conquête française de l'Algérie. Abd el-Kader s'impose en son sein comme un chef spirituel autant que politique. Groupe cohésif, c'est une véritable petite armée, parmi d'autres, avec laquelle le représentant local du sultan doit compter.

politiquement et économiquement et semble constituer un modèle d'inspiration pour les autres provinces.

La lutte « anti-Ottomans » est essentiellement le fait des élites arabes, et Damas est un foyer particulièrement actif. Abd el-Kader qui participe au « conseil municipal » de la ville, s'est lié d'amitié avec la *khassa*, les grandes familles nobles comme celle des 'Azm. Sa sainteté alliée à son charisme l'amène à jouer un rôle de médiateur. Aux cheikhs, chefs druzes du mont Liban, il conseille la retenue : « [Vos] agissements sont indignes d'une communauté qui se distingue par sa sagesse. » Il est également influent auprès de la petite colonie « algéro-française » qui n'a cessé de croître dans les années 1860. Environ quinze mille « Moghrébins », Algériens mais aussi Tunisiens et même Libyens, vivent à Damas. Lors des émeutes, Abd el-Kader pourra grâce à eux mobiliser une petite force armée pour s'opposer aux milices ottomanes.

Cette improbable composition où domine la figure hiératique d'Abd el-Kader – reprise d'une photographie faite à Amboise –, parmi des personnages vêtus de costumes orientaux disparates, dans un décor imaginaire, célèbre l'héroïque intervention de l'émir pour la défense des chrétiens de Damas. À gauche, une médaille commémorative française énumère ses vertus. « La France qu'il a combattue l'aime et l'admire. »

En 1860, le Liban est l'objet de graves violences interreligieuses. La révolte des druzes contre les chrétiens maronites au Liban s'étend également à la Syrie. À Damas, durant les mois de juin et juillet, une bande d'émeutiers

ÉMIR DE L'AFRIQUE DU NORD · DÉFENSEUR DE LA NATIONALITÉ ARABE · PROTECTEUR DES CHRÉTIENS · OPPO

JUGURTHA MODERNE
IL A TENU EN ÉCHEC
L'UNE DES PLUS PUISSANTES NATIONS
DE LA TERRE
PENDANT 14 ANS SON HISTOIRE
EST CELLE DE NOS REVERS ET DE NOS SUCCÈS
EN AFRIQUE
IL FAIT SA SOUMISSION LE 23 DÉCEMBRE 1847
UN DÉCRET, MACHIAVÉLIE DE NAPOLÉON III,
LUI REND LA LIBERTÉ LE 3 DÉCEMBRE 1852
EN 1860 IL S'ACQUITTE ENVERS L'EMPEREUR
EN DEVENANT LA PROVIDENCE
DES CHRÉTIENS DE SYRIE
LA FRANCE
QU'IL A COMBATTUE LA PROVIDENCE
L'AIME ET L'ADMIRE.

JUGURTHA MODERNE
IL A TENU EN ÉCHEC
L'UNE DES PLUS PUISSANTES NATIONS
DE LA TERRE

1862

s'en prend aux quartiers juifs puis menace les délégations européennes tandis que les autorités turques laissent faire la populace qui pille la ville, en particulier les quartiers chrétiens. Les Ottomans sont accusés d'avoir favorisé ces derniers au détriment des musulmans pourtant majoritaires ; en outre, la laïcisation de la société apparaît comme une atteinte irréparable portée à l'islam dont le sultan-calife est en principe le garant.

Les plus hautes autorités musulmanes réagissent fermement. Abd el-Kader applique à la lettre un hadîth confirmé rapporté par le *Muslim* : « Celui d'entre vous qui voit une chose répréhensible, qu'il la redresse de sa main ; s'il ne le peut, que ce soit en usant du langage ; s'il ne le peut, que ce soit en la réprouvant dans son for intérieur. C'est là le moins qu'on puisse exiger de la foi ! » Aidé par ses fils et ses compagnons, l'émir s'emploie à protéger les chrétiens de Damas contre la fureur des émeutiers musulmans et leur offre asile. Très attentives mais divisées, les puissances européennes ne veulent pas encore intervenir directement dans les affaires turques et se contentent de relever l'action d'éclat de l'émir. La presse occidentale quant à elle relate avec emphase le sauvetage des chrétiens par l'émir, contribuant largement à la légende d'Abd el-Kader.

❝Fils du péché, égorgeurs de femmes et d'enfants, aurait lancé l'émir aux émeutiers, essayez donc d'enlever ces chrétiens auxquels j'ai donné asile. Ils sont mes hôtes ! Et vous, mes Moghrébins, j'en prends Dieu à témoin, nous allons combattre pour une cause aussi sainte que celle pour laquelle nous combattions autrefois !❞

Abd el-Kader, empereur arabe ?

Son geste de protection envers les chrétiens lui vaut une notoriété internationale. Lettres, présents, décorations et visiteurs affluent à Damas et la petite impasse de la porte Bab al-Faradis est bien souvent embouteillée : princes, rois, politiciens, ecclésiastiques, hommes d'affaires et « saint-simoniens » qui s'intéressent à l'Orient car les « terres vierges » sont pour eux autant de champs d'expérimentation des nouvelles idées économiques et sociales. On voit le baron de Rothschild et Ferdinand de Lesseps se presser dans le salon de l'émir entre deux ecclésiastiques, un banquier suisse et de nombreux militaires de toutes nationalités… sous le regard des espions de chaque puissance.

La dislocation de l'Empire ottoman et le contrôle du Proche-Orient sont plus que jamais au centre des préoccupations, anglaises et françaises en particulier. L'Angleterre veut établir une voie de communication avec le golfe Arabo-Persique alors que les Français viennent de commencer le percement du canal de Suez (1859). Pour la France, l'émir compte assurément parmi les personnalités les plus en vue pour jouer un rôle politique majeur dans la nouvelle carte qui se dessine. Napoléon III

En 1865, Napoléon III et Eugénie font un long séjour en Algérie (ci-dessus). Ismaïl Urbain les accompagne. Conseiller de Napoléon pour l'Algérie, ce saint-simonien converti à l'islam est l'un des « indigénophiles » qui ont convaincu l'empereur de faire de l'Algérie un « royaume arabe ». Freiner la colonisation rurale, préserver les structures sociales indigènes, assurer la prospérité des Arabes, « cette race intelligente, fière, guerrière et agricole », tels sont les objectifs de Napoléon qui songe même un temps à nommer Abd el-Kader vice-roi d'Algérie. Mais la défaite de 1870 emportera avec elle ce « rêve arabe ».

rêve de constituer, sous protectorat français, un Empire arabe au Moyen-Orient, libéré du joug ottoman, et de placer à sa tête Abd el-Kader. Le consul de France à Damas a depuis longtemps signalé à Walewski, ministre des Affaires étrangères de Napoléon III, que l'émir est un soutien actif du « parti arabe » contre les Turcs. Dès 1857, l'espion Bullad que l'ambassade entretient auprès de l'émir précisait : « [...] le fils de Mahieddine a toujours rêvé une nationalité arabe effective. [...] Un jour viendra peut-être où il serait très avantageux pour la France d'avoir au cœur de la Syrie un homme tel qu'Abd el-Kader qui pût, soit comme instrument, soit comme allié, peser d'un certain poids dans la balance des destinées de l'Empire ottoman. »

À Damas, et lors de ses voyages à Paris (ci-dessous), l'émir est sollicité par les hauts responsables politiques pour prendre la tête en Orient d'un État arabe, libéré du joug ottoman. En France, le puissant « parti kadérien » – il rassemble d'anciens prisonniers et officiers de l'armée d'Afrique auxquels se sont joints la haute finance et les milieux d'affaires proches des saint-simoniens – mène une campagne de presse en faveur de l'émir.

Après l'expédition française en Syrie (1860-1861), l'émir oppose à ce projet un refus catégorique et définitif. Ses raisons sont essentiellement religieuses mais aussi politiques : les Arabes, pense-t-il, doivent trouver leur autonomie par eux-mêmes. L'émir ne se laissera jamais entraîner dans les jeux politiques français en Orient malgré l'insistance de l'empereur jusqu'en 1865. Son destin est ailleurs.

Dans *La Nouvelle Question d'Orient*, paru en 1861, le journaliste Ernest Laharanne, qui prône la création d'un État fédéral en Syrie, conclut : « Abd el-Kader, l'Europe le lui doit, sera l'Empereur d'Arabie. »

Le pèlerinage à La Mecque

Abd el-Kader décide de partir à La Mecque et à Médine pour effectuer deux pèlerinages afin de devenir « compagnon du Prophète ». Il va passer plus d'une année (de janvier 1863 à juillet 1864) entre La Mecque et Médine, où il s'installe dans une petite maison à proximité du Haram. Il ira souvent méditer seul dans la grotte de Hira – où le Prophète reçut la première sourate. « Enfermé pendant des jours nombreux, il y atteint, écrira son fils, le degré suprême et l'illumination. » Mais trop de gens

viennent l'importuner. Aussi à Médine fait-il une vraie retraite de plusieurs mois dans la maison d'Abu Bakr, le premier calife de l'islam, qui jouxte la mosquée du Prophète. Sa famille s'inquiète car personne ne reçoit plus de nouvelles de lui… Sa seule rencontre est avec l'un de ses derniers maîtres encore vivant, Mohamed al-Fâsî al-Châdhilî.

Un ardent propagandiste du canal de Suez

Après deux ans de retraite, Abd el-Kader regagne Damas. L'homme accompli (*al-insan al-kamil*) ne saurait mépriser le monde ; il ne s'en retire pas mais il ne lui appartient pas. S'il se refuse tout rôle politique, l'émir ne continue pas moins à s'intéresser à la modernisation du Moyen-Orient et aux innovations technologiques que pourrait apporter l'Europe. Il poursuit son rêve d'insuffler à l'Occident de la spiritualité et d'apporter en retour le progrès technique à l'Orient. Il soutient en particulier les projets de Ferdinand de Lesseps, tels le canal de Suez et même une mer intérieure entre la Tunisie et la Libye ! Le canal n'aurait sans doute pas vu le jour sans la volonté et l'appui de l'émir qui s'emploie

Ferdinand de Lesseps, qui avait rendu visite à Abd el-Kader dans son exil de Pau, vient le retrouver à Damas, en 1861, pour lui présenter son projet de canal. Conquis, l'émir lui écrit plus tard : « Aucune personne intelligente ne peut mettre en doute que votre œuvre ne soit un véritable bienfait pour l'humanité, et qu'elle ne soit en même temps d'une utilité générale dont les avantages rejailliront sur la plupart des habitants de la terre, d'une extrémité à l'autre. Nous prions le Très-Haut de vous faciliter l'achèvement et de réaliser la jonction des eaux. »

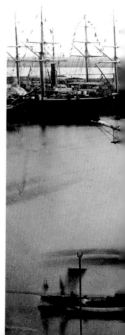

en particulier à convaincre les populations locales des
bienfaits du projet qui reliera l'Orient à l'Occident :
« Beaucoup de gens sensés du Hijâz et du Yémen
viennent chez moi, écrit l'émir, pour s'informer du
canal de Suez. Je leur démontre l'utilité et le but de
cette œuvre. Alors ils partent priant Dieu d'en hâter
l'achèvement » (lettre du 5 mai 1863). La Compagnie
du canal de Suez le remerciera en lui offrant une
propriété dans la région d'Ismaïlia, à Bir Abou Ballah.

Ses voyages en France, en 1865 et 1867, année de
l'Exposition universelle, sont l'occasion pour Abd
el-Kader de découvrir les dernières innovations
technologiques européennes tout en accomplissant
sa mission spirituelle.

Le 17 novembre 1869, le khédive d'Égypte Ismaïl Pacha inaugure le canal de Suez en présence de l'impératrice Eugénie, de l'empereur d'Autriche, du prince royal de Prusse, d'ambassadeurs de tous les pays et de l'émir Abd el-Kader. Les soixante-dix navires pavoisés de l'escadre internationale remontent le canal. Sur le pont du *Forbin*, frégate de la marine française mise à sa disposition, l'émir assiste à « l'union de l'Occident et de l'Orient ».

La franc-maçonnerie, une « tariqa » occidentale

C'est parce qu'Abd el-Kader croit à la pertinence de toutes les expériences initiatiques que la franc-maçonnerie lui apparaîtra comme une *tariqa*, une voie dont il pourrait user pour insuffler de la spiritualité à l'Occident matérialiste.

Depuis le milieu du XIXᵉ siècle, la franc-maçonnerie est présente dans les provinces arabes de l'Empire ottoman, notamment en Égypte. Elle recueille un écho particulièrement favorable auprès des élites musulmanes soucieuses de faire adopter des réformes d'ordre libéral, et se trouve rapidement apparentée aux confréries soufies qui reconnaissent en elle des points communs et des correspondances tant sur le plan symbolique que philosophique.

Les premiers contacts d'Abd el-Kader avec la franc-maçonnerie remontent à 1860. C'est après les émeutes de Damas que les francs-maçons se sont manifestés afin de féliciter l'émir, par l'envoi de cadeaux et de lettres qui traduisent bien l'idée que se font les Français du résistant algérien exilé. À Paris, on voit en lui un grand « humaniste » bien qu'il soit musulman ! Pour les francs-maçons, Abd el-Kader doit diffuser les idées françaises de la franc-maçonnerie tel le « coin entré dans le roc de la barbarie », et combattre l'ignorance et le fanatisme. Il devra ensuite créer des loges et contribuer à l'implantation de la maçonnerie parmi les musulmans d'Orient. Or l'émir agit en tant que musulman et pense que sa mission est d'apporter la spiritualité de l'Orient vers l'Occident.

Les archives des différentes obédiences maçonniques renferment des lettres échangées entre l'émir et diverses loges parisiennes et égyptiennes, essentiellement entre 1860 et 1867. Certaines sont conservées aux archives d'Aix-en-Provence et en particulier les lettres répondant aux questions de la loge « Henri IV ». Il existe aussi un carton aux archives du Grand Orient qui contient la correspondance des loges « L'Orient » à Damas et « La Palestine » à Beyrouth dans laquelle on trouve mention de l'activité « maçonnique » d'Abd el-Kader. C'est Charles Henry Churchill, dans sa biographie de l'émir, qui le premier a fait état de cette relation. Certains auteurs ont contesté cette appartenance et même l'initiation de l'émir mais les textes, désormais à la disposition de tous, en apportent la preuve.

Proclamation de l'initiation de

Une intense correspondance s'établit entre Abd el-Kader et des « frères » parisiens. À son retour en Égypte en 1864, il est initié par la loge « Les Pyramides » à Alexandrie, et lors de son voyage à Paris l'année suivante, il rend visite aux frères de la loge « Henri IV » qui ont suscité son adhésion et leur exprime toute la difficulté d'installer de telles institutions dans l'Empire ottoman.

Ce scepticisme tient sans doute au fait que la franc-maçonnerie a aujourd'hui une mauvaise réputation en Orient où elle est accusée en particulier d'être une organisation sioniste, ce qui est sans fondement historique.

À L∴ G∴ D∴ G∴ A∴ D∴ L'U∴

SOUS LES AUSPICES DU G∴ O∴ DE FRANCE

Zèle. Union. Force. Bienfaisance. Fraternité. Tolérance.

LOGE DE HENRI IV

Convocation extraordinaire.

Compagnonnage solennel.

Ordre du Jour.

1. — Ouv∴ à 7 heures ½.
2. — Lect∴ du Proc∴ verb∴.
3. — Entrée des FF∴ visiteurs.
4. — Compagnonnage solennel.
5. — Consécration dans sa grade, du F∴ Abd-el-Kader.
6. — Discours du F∴ Orateur.
7. — Tronc de bienfaisance.

« Nota bene. — Les FF∴ de la loge sont instamment priés de se rendre au Local à 6 heures ½ très-précises.

L'adhésion d'Abd el-Kader à la franc-maçonnerie témoigne de son évolution vers une sorte d'universalisme musulman. Sa vocation qui est d'empêcher les hommes de s'écarter de la voie enseignée par Mohamed ne concerne plus

l'Émir Abdel Kader

seulement la communauté des musulmans mais l'ensemble des croyants. À travers les francs-maçons, l'émir s'adresse à tous les hommes. « Quels sont les devoirs de l'homme envers ses semblables ? » À cette question posée par les francs-maçons avant son admission, Abd el-Kader répond de manière explicite : « il est bon pour l'homme d'aimer sa personne dans un autre que lui ».

L'adhésion de l'émir à la franc-maçonnerie est motivée par deux préoccupations fortes : une stratégie de relation avec l'Europe par des groupes intermédiaires, à une époque où la liberté est absente – dans le système ottoman, les loges, souvent liées aux puissances étrangères, sont un des rares lieux où l'on peut se réunir ; l'idée d'une réciprocité spirituelle pour « irriguer » l'Occident par le biais d'une société qui ressemble fort à une confrérie musulmane.

Les dernières années

À la fin des années 1860, l'activité politique de l'émir
demeure constante au point que les Ottomans, qui
ne cessent de s'en plaindre aux autorités françaises,
le menacent d'expulsion et de représailles. Les temps
sont troublés et les révoltes arabes anti-Ottomans
se multiplient. C'est en effet entre 1870 et 1880
que s'épanouit la *Nahda* (Renaissance arabe). Né en
Égypte, ce mouvement identitaire qui se développe
sous le règne du khédive Ismaïl Pacha (1863-1879)
rassemble des intellectuels égyptiens, syriens et
libanais, musulmans mais aussi chrétiens. Le débat
porte sur l'articulation entre « arabité » et « islamité »
et la primauté qu'il convient d'accorder à l'une ou

l'autre. Le salon d'Abd el-Kader est un lieu de réunion
très prisé. Certains de ses élèves seront des figures
marquantes du nationalisme arabe.

    La défaite française de 1870 et l'emprisonnement
de Napoléon III vont profondément affecter Abd
el-Kader. La chute de l'Empire sonne définitivement
le glas du royaume arabe de Napoléon III : le sénatus-
consulte de 1865 qui instaurait la nationalité
française pour les Algériens est suspendu, les
Bureaux arabes sont démantelés tandis qu'un régime
civil favorable aux colons est institué. En 1871,
la résistance algérienne à la colonisation provoque
un ultime sursaut : l'insurrection de Mokrani en
Grande Kabylie qui bientôt gagne le Constantinois
et une grande partie de l'Oranie. La répression est

particulièrement féroce. Abd el-Kader semble désavouer cette révolte armée alors même que son fils Mahieddine figure parmi les insurgés.

À partir de cette époque, l'émir se consacrera exclusivement à des recherches personnelles et à ses œuvres pieuses, en particulier le financement de l'aqueduc de La Mecque. Il vieillit, ses deux fils aînés se détachent de lui et les événements du Proche-Orient lui échappent peu à peu… tandis que l'Empire ottoman éclate, en proie aux révoltes endémiques et sous la pression des puissances européennes.

Le 26 mai 1883, l'émir s'éteint à Damas. Il est inhumé à côté de la tombe d'Ibn 'Arabi, son maître, dans une mosquée des hauteurs de la ville.

L'œuvre et la pensée d'Abd el-Kader ne seront pas sans influence sur l'évolution du monde arabe : la plupart des élèves de l'émir seront des leaders du mouvement qui conduira aux indépendances nationales au milieu du XXᵉ siècle. Son petit-fils, l'émir Khaled, sera l'initiateur, en 1920, du nationalisme algérien. Pourtant, ce que la postérité va longtemps retenir, c'est l'épopée guerrière de l'émir Abd el-Kader, rejetant dans l'ombre sa dimension véritable qui fait de lui l'un des plus grands mystiques de l'Islam.

Ci-contre, la mosquée damascène – le mausolée du « Grand Cheikh » Ibn 'Arabi – où reposa la dépouille d'Abd el-Kader de 1883 à 1966, date de son transfert en Algérie.

Une des contradictions surprenantes de l'émir tient à l'éducation et au sort réservé à ses fils. Les deux aînés sont « ottomanisés », au grand dam d'Abd el-Kader qui les fustige car il milite activement au sein du parti arabiste anti-Ottomans. L'un d'eux, Mohamed, est l'auteur d'une biographie de l'émir (*Tuhfat*) (titre à gauche). Les autres enfants ont signé les actes d'allégeance à la France, qui continuera à leur verser une pension après la mort de l'émir. Seul son petit-fils Khaled connaîtra un destin politique exceptionnel.

Au lendemain de son indépendance, l'Algérie construit son histoire. Abd el-Kader est promu créateur de l'État algérien. L'épaisseur historique de l'émir, la multiplicité des figures qu'il a successivement incarnées, les images rares mais fortes qui en témoignent, transmises par la France seule, appellent à des réinterprétations.

CHAPITRE 5
MYTHOLOGIES

Illustrateurs et peintres algériens s'emparent de l'image d'Abd el-Kader, élevé au rang de héros fondateur de la nation. Mohamed Racim, peintre et miniaturiste algérien, réalise le timbre officiel tandis que le dessinateur Masmoudi retrace en bande dessinée l'épopée guerrière de l'émir.

1962. L'Algérie accédait à l'indépendance après huit ans d'une guerre anticoloniale qui avait vu s'affronter également les vieux démons de division de la société algérienne. Le pays n'avait pas fini de se chercher une identité. Le régime à tonalité progressiste du président Ben Bella s'affirmait essentiellement arabe – manière de ne pas mettre en avant l'islam. Il ne devait pas survivre plus de trois ans à ses utopies « révolutionnaires » car, dès 1965, une structure plus stable, appuyée sur l'armée, était mise en place sous l'égide du colonel Boumediene. Ce régime allait administrer durablement l'Algérie. Pour l'heure, il manquait cruellement de légitimité. Au nombre des choses qui devaient contribuer à l'établir figurait le recours à l'histoire avec l'installation d'Abd el-Kader comme héros fondateur de la nation algérienne. Le rapatriement de la dépouille, négocié avec la Syrie, eut lieu le 6 juillet 1966. Ce « retour des cendres » quasi napoléonien était le résultat d'un immense travail d'historiographie.

Le retour des cendres de l'émir (ci-dessous) et l'installation de sa tombe au caveau des martyrs du cimetière d'el-Alia permirent de restaurer la continuité historique de la résistance algérienne malgré la parenthèse coloniale.

L'Algérie à la recherche d'un héros « national »

Nouvel État dont le droit à l'existence avait été longtemps contesté, l'Algérie avait besoin de se fabriquer un livre d'histoire, à l'image de ceux dans lesquels les militants de la révolution nationale avaient appris à lire. Ne suffisait-il pas de faire comme la France jacobine pour triompher de ses diversités intérieures, langues ou particularismes locaux ? Il n'était plus question de « nos ancêtres les Gaulois », mais quel élément unificateur trouver dans l'histoire pour fonder cette unité ?

Héros antiques, Jugurtha et la légendaire Kahena incarnaient bien une première résistance des populations autochtones, mais c'était insister sur le fonds berbère, et faire trop de place à une minorité linguistique qui constituait par elle-même un facteur de division. L'État d'Alger renversé en 1830 par l'intrusion coloniale avait été fondé, quelques siècles plus tôt, par Kayr ed-Dine Barberousse mais il était turc et avait fait de la régence une province de l'Empire ottoman. Restaient les héros de la première résistance anticoloniale, leaders toujours un peu trop locaux d'un peuple pas encore unifié, engagés souvent dans des soulèvements du désespoir. Parmi ceux-ci Abd el-Kader présentait l'avantage d'être indiscutablement arabe, et leader

La relecture algérienne d'Abd el-Kader contre la tradition hagiographique forgée par la France suit la montée du mouvement national. Dans son numéro du 11 mars 1950, *L'Algérie libre*, journal du MTLD (Mouvement pour le triomphe des libertés démocratiques), lui rend ainsi hommage : « À la mémoire de nos martyrs. À l'émir Abd el-Kader, promoteur de la résistance algérienne et maghrébine. »

d'une résistance armée très largement reconnue, y compris du côté français – ce qui n'était pas négligeable. C'était ensuite un lettré, homme de grande culture, poète et savant musulman à la fois. Sans doute, ses conceptions et sa pratique religieuses s'inscrivaient-elles dans une mystique un peu suspecte aux yeux des « réformistes » qui inspiraient les générations du XXᵉ siècle, mais la principale difficulté tenait à ce que, dès sa reddition, et surtout après sa libération, il avait été l'objet de la part de la France d'une véritable consécration.

Parti en terre d'Islam, mais doté d'une pension du gouvernement français, Abd el-Kader avait vécu encore trois longues décennies pendant lesquelles il avait continué d'entretenir des relations souvent cordiales avec de hauts dignitaires français. Effectuant plusieurs visites en France, notamment à l'occasion d'expositions universelles dont il était très curieux, l'émir avait défilé à côté d'officiers supérieurs qui s'étaient illustrés au cours des campagnes d'Algérie par d'intolérables exactions – au nombre de ceux-ci, notamment, le maréchal de Saint-Arnaud.

C'est de cette période d'entente cordiale que l'on avait le plus grand nombre de témoignages : chroniques et correspondances, tableaux, gravures d'actualités et, surtout, photographies, dont le procédé s'était vulgarisé précisément à cette époque. La documentation disponible était exclusivement française. Une abondante littérature s'était ensuivie. Dans ce fonds, une monographie publiée en 1925 par l'historien militaire Paul Azan donnait la meilleure synthèse qui ait été composée sur Abd el-Kader. Par malheur l'ouvrage s'intitulait *L'Émir Abd el-Kader*,

L'Algérie indépendante est gravement embarrassée par l'iconographie kadérienne léguée par la France, à l'exemple du portrait de l'émir (à droite), la poitrine couverte de décorations, peint en 1906 d'après une photographie des années 1860. Il trône aujourd'hui au siège du Grand Orient de France à Paris. À gauche, une représentation humoristique orne la couverture de la partition de la « Chanson du centenaire » écrite en 1930 pour célébrer les progrès de la civilisation matérielle en Algérie un siècle après le débarquement de Sidi-Ferruch. Le refrain gouailleur et un peu sacrilège tonne : « Ah ! si le vieil Abd el-Kader / Revenait en Algérie / Il s'rait heureux Abd el-Kader / De voir comme elle est jolie / Y'a du pinard, du chemin de fer / Du chameau, de l'industrie / Aussi je suis fier / De lever mon verre / À la santé d'Abd el-Kader ! »

*du fanatisme musulman
au patriotisme français* –,
titre terrible qui devait
disqualifier, pour un
nationalisme émergent, cet
ouvrage informé et nuancé.
Abd el-Kader n'avait été
à la vérité ni « fanatique »
ni « patriote », mais comment
rendre compte des diverses
figures qu'avait adoptées
successivement un homme
soucieux d'intervenir de
toute la force de sa culture
dans une histoire
terriblement troublée ?

« Décoloniser l'histoire »

Les excès de l'imagerie
colonialiste justifièrent aux yeux des intellectuels
algériens une remise en cause globale de cette
documentation. C'est ce qu'on appela, selon
la formule de l'idéologue Sahli, « décoloniser
l'histoire », c'est-à-dire rejeter comme falsifications
tout ce qui était susceptible de brouiller l'image
d'un Abd el-Kader, nationaliste arabe avant la lettre.

Il fallut notamment faire un tri dans les images
léguées. De la phase épique de l'émir, on ne disposait
que de portraits plus ou moins imaginaires ou de
médiocres caricatures. L'essentiel de l'iconographie
disponible concernait davantage la période pacifique.
Abd el-Kader avait complaisamment posé pour
la postérité arborant la batterie de décorations qu'il
avait reçues à la suite de sa courageuse attitude lors
des pogroms antichrétiens de Damas. Dans l'Algérie
du XXᵉ siècle cette image d'une Légion d'honneur
sur un burnous évoquait immanquablement ces
notables traditionnels collaborateurs, ces « Béni
oui-oui » que l'on sortait pour saluer le drapeau
aux cérémonies officielles. Abd el-Kader n'était
certes pas de cette engeance, mais il en portait les
stigmates. Tout un pan de l'iconographie disponible
se trouvait de la sorte écarté, et cela de façon

Ci-dessus, le
miniaturiste algérien
Mohamed Temman
reprend en le
réorganisant le célèbre
tableau de Tissier sur
la libération d'Abd
el-Kader *(voir page 65).*
La composition est
la même, ainsi que
la posture des
personnages
principaux. Mais
l'action a été déplacée
d'Amboise à une
maison mauresque de
la casbah. Et la mère de
l'émir baisant la main
du prince-président a
été supprimée – « Je ne
veux plus, avait dit Ben
Bella aux petits cireurs
des rues, qu'un
Algérien ait à se
prosterner devant qui
que ce soit » – et
remplacée par une
table ottomane, pour
justifier le geste de la
main de l'empereur.

d'autant plus paradoxale que les éditeurs du XIXᵉ siècle s'étaient livrés, pour « mettre à jour » une imagerie obsolète, à des repeints, ajoutant sur les clichés disponibles la fameuse grand-croix !

Abd el-Kader, premier nationaliste arabe

C'est à un nouveau travail sur l'image que durent se livrer les autorités algériennes. En 1974, un grand livre, édité par le ministère de l'Information, faisait le point sur cette iconographie – il préférait les portraits-charges de la première période aux multiples clichés frappés de l'infamie.

Prenant la mesure de cette carence d'images, le gouvernement se soucia enfin d'en réaliser de nouvelles, plus conformes. La statue d'Abd el-Kader érigée peu après l'indépendance, en lieu et place de celle de Bugeaud, sur une place de la rue d'Isly, qui reprenait une gravure imaginaire de l'époque guerrière, fut jugée trop mesquine et rapidement affublée du sobriquet de « cadeau Bonux ». Il fallut en concevoir une autre, plus imposante, plus digne, qui prit place, dans les années 1980, sur un socle monumental plus conséquent. C'était la marque de transfiguration du héros national dont la stature s'amplifiait avec le travail nationaliste sur l'histoire.

Pour l'édification d'un musée de l'Armée, dans le somptueux ensemble de Riadh el-Fatah à Alger, le président Chadli passa commande de tableaux à une escouade d'artistes.

Deux statues successives ne furent pas de trop pour préciser l'image qu'il fallait donner de l'émir au centre d'Alger. Mais il n'est pas si simple, en pays d'Islam, où l'on a plutôt coutume d'abattre les statues au nom de l'interdit coranique portant sur les « pierres levées », de forger des statues équestres, d'autant que l'on venait enfin de déménager celle du duc d'Orléans qui avait trôné insolemment face à la mosquée de la Pêcherie durant toute la période coloniale.

Ce tableau de Hocine Ziani (né en 1952) est une pièce centrale du grand musée de l'Armée édifié à Alger en 1984 pour célébrer le trentième anniversaire du déclenchement de la lutte armée nationale. Toute une équipe de peintres fut mobilisée afin d'immortaliser les différents épisodes de la geste nationale. Ziani s'imposait par la composition d'une toile monumentale (4,50 m x 2,10 m) qui, sans égaler les compositions d'Horace Vernet, en reprenait le souffle épique. Au nom de la nouvelle figuration, il retrouvait un style classique et un certain réalisme permettant d'exploiter plastiquement une riche documentation sur les costumes, les harnachements, les armes ainsi que les chevaux. La bataille de Kheng en-Natah (1832), qui n'était pas restée célèbre dans les annales françaises, marquait la première confrontation des armées que le jeune émir, tout juste élu, lançait contre les infidèles. « Troupe de volontaires mal entraînés et insuffisamment armés, dit la notice du musée, les Algériens mirent en déroute une armée de métier pourtant puissamment équipée. »

Le peintre Hocine Ziani prit la plus grande part à ce travail de reconstitution historique. Lors d'une de ses visites à Versailles, l'émir avait été invité à voir l'immense *Prise de la smala* par Horace Vernet. Il aurait déclaré simplement : « Pourquoi n'avez-vous pas peint des tableaux où vos troupes battaient en retraite ? » C'est ce que fit Ziani en reconstituant une *Bataille de Kheng en-Natah* et, deux ans plus

La bande-dessinée (ci-dessous) ou les illustrations reproduites dans les manuels scolaires participent, au même titre que les tableaux et les fresques monumentales, à la célébration du héros national. Mais il existe

الأمير عبد القادر

tard, une *Bataille de la Macta*. Il reprenait l'esthétique héroïque de Vernet, mais en inversant les signes avec la légitime célébration de deux combats où l'émir avait eu le dessus. Ziani eut à peindre aussi un portrait d'Abd el-Kader et reprit une photographie de Carjat… qu'il allégea de ses encombrantes médailles.

aussi une autre source, plus populaire et plus traditionnelle : sur les places des marchés, les conteurs *(meddah)* transmettent en arabe dialectal une histoire tout autant héroïque mais assurément plus détaillée sur la vie personnelle et l'action religieuse de l'émir.

Devenu un emblème de cette république algérienne « démocratique et populaire », l'émir Abd el-Kader va en suivre les évolutions, avec ses triomphes et aussi ses avanies. Le discrédit du modèle de développement socialiste, appuyé sur l'usage désordonné de la rente pétrolière, une certaine désespérance de la jeunesse vis-à-vis des mythes qu'on lui proposait touchèrent même l'image de l'émir. Cependant, sous l'égide des associations Émir Abd el-Kader qui fleurissent ces dernières années, un intérêt nouveau est apporté à la dimension mystique de l'œuvre.

Il y avait beaucoup d'anachronisme dans ces reconstructions post-coloniales. Abd el-Kader a été musulman avant tout et même un musulman moderniste. Il fut un lettré, un poète et un mystique d'une dimension exceptionnelle. Il fut aussi, conformément à une utopie de ce temps, un homme de « progrès ». Il se pensa arabe certes, mais certainement pas « nationaliste arabe », car une telle notion, à cette époque, n'avait pas encore de sens.

En 1984, Hocine Ziani composait pour le musée de l'Armée ce qui allait devenir une sorte de portrait officiel de l'émir (page suivante). Une photographie lui servit de modèle ; il en restitua fidèlement le ton digne et un peu guindé. Mais ses commanditaires lui demandèrent d'effacer les multiples décorations qui figuraient sur l'original. Pour donner le change, il habilla l'émir d'un gilet de soie brodé d'or, oubliant que, par dépouillement soufi, Abd el-Kader réprouvait, même pour ses propres épouses, de tels vêtements.

TÉMOIGNAGES
ET DOCUMENTS

«Un mélange d'énergie guerrière et d'ascétisme»

Paradoxalement, dès le début de la conquête de l'Algérie, Abd el-Kader fit l'objet de portraits dithyrambiques. Qu'ils aient partagé son intimité, tel Léon Roches, ou l'aient férocement combattu, à l'exemple du général Bugeaud, tous furent impressionnés par le charisme de l'émir.

«Un charme indéfinissable»

De 1837 à 1839, Abd el-Kader s'attache les services de Léon Roches qui devient son secrétaire particulier. Malgré toutes les réserves que l'on peut émettre sur ce personnage équivoque, vrai-faux converti, sincère dans ses enthousiasmes, espion français mais fidèle à l'émir, son témoignage demeure précieux quant à la personnalité, au mode de vie et au caractère de l'émir.

Camp d'Aïn-Chellela,
16 décembre [1837]

Mon cher ami,

Enfin j'ai vu Abd el-Kader, et je t'écris sous le charme inexprimable qu'a exercé sur moi ce champion de l'islamisme.

Au milieu du camp s'élève une tente immense. Une foule épaisse en obstrue toujours l'entrée malgré les coups de bâton distribués avec largesse sur les Arabes trop rapprochés : c'est la tente du sultan. [...] Je ne pourrais t'en faire la description, car je n'ai vu et n'ai voulu voir qu'Abd el-Kader.

Ainsi qu'on m'en avait prévenu, il occupait seul le fond de la tente en face de l'entrée ; je m'avançai lentement vers lui, les yeux baissés, je m'agenouillai et lui pris la main pour la baiser, ainsi que c'est l'usage ; il me l'abandonna et après cette formalité qui, je l'avoue, me répugnait d'autant plus que c'était mon premier acte de soumission vis-à-vis d'un musulman, je levai mes regards sur lui. Je crus rêver quand je vis fixés sur moi ses beaux yeux bleus, bordés de longs cils noirs, brillant de cette humidité qui donne en même temps au regard tant d'éclat et de douceur. Il remarqua l'impression qu'il venait de produire sur moi ; il en parut flatté et me fit signe de m'accroupir devant lui. Je l'examinai avec attention.

Son teint blanc a une pâleur mate ; son front est large et élevé. Des sourcils noirs, fins et bien arqués surmontent les grands yeux bleus qui m'ont fasciné. Son nez est fin et légèrement aquilin, ses lèvres minces sans être pincées ; sa barbe noire et soyeuse encadre légèrement l'ovale de sa figure expressive. Un petit *ouchem* entre les deux sourcils fait ressortir la pureté du front. Sa main, maigre et petite, est remarquablement blanche, des veines bleues la sillonnent ; ses doigts longs et effilés sont terminés par des ongles roses parfaitement taillés ; son pied, sur lequel il appuie presque toujours une de ses mains, ne leur cède ni en blancheur ni en distinction.

Sa taille n'excède pas cinq pieds et quelques lignes, mais son système musculaire indique une grande vigueur.

Quelques tours d'une petite corde en poils de chameau fixent autour de sa tête un haïk de laine fine et blanche ; une chemise en coton et par-dessus une chemise en laine de même couleur, le haïk, qui après avoir fait le tour de la tête enveloppe le corps, et un burnous blanc recouvert d'un burnous brun, voilà tout son costume. Il tient toujours un petit chapelet noir dans sa main droite. Il l'égrène avec rapidité et lorsqu'il écoute, sa bouche prononce encore les paroles consacrées à ce genre de prière.

Si un artiste voulait peindre un de ces moines inspirés du Moyen Âge que leur ferveur entraînait sous l'étendard de la croix, il ne pourrait, il me semble, choisir un plus beau modèle qu'Abd el-Kader. Un mélange d'énergie guerrière et d'ascétisme répand sur sa physionomie un charme indéfinissable.

« Sois le bienvenu, me dit-il, sois le bienvenu, car tout bon musulman doit se réjouir de voir augmenter le nombre des vrais croyants. […] »

Le sol de la tente est recouvert de tapis arabes aux riches couleurs. Le sultan est accroupi sur une natte placée au pied du montant qui se trouve à l'extrémité opposée à l'entrée dans une espèce de niche formée par les caisses où sont enfermés l'argent et les livres qui composent sa bibliothèque. […]

Au montant de l'extrémité opposée à l'entrée, est attaché un rideau de laine qui est pendu aux deux parois intérieures et forme ainsi un réduit à l'arrière de la tente. C'est là que l'émir se retire souvent pour faire ses ablutions, prier, étudier seul et donner ses audiences secrètes. On y entre par une petite porte gardée constamment par deux nègres.

Tout près de cette partie de l'*outak* et en dehors, est placé un petit réduit à ciel ouvert, nommé *bit-el-ma* (la chambre de l'eau, lieux d'aisances). À 6 mètres en avant de l'*outak* sont plantés les six drapeaux qui accompagnent toujours l'émir. Ils sont en satin vert, jaune et rouge, brodés d'or et de soie ; des versets du Coran sont écrits en lettres d'or et les hampes sont surmontées de croissants et de boules en argent.

Léon Roches,
Trente-deux Ans à travers l'Islam,
Firmin-Didot 1884

« Il semblait ne plus toucher la terre »

Léon Roches relate une scène surprenante vécue lors du siège d'Aïn Mahdi, en juillet 1838, après qu'il eut failli périr enseveli sous des cadavres lors de l'explosion du rempart.

Je parvins avec peine à sortir de cet amas de boue, de pierres tumulaires et de cadavres, et j'arrivai à la tente d'Abd el-Kader dans un état déplorable. Mon burnous et mon haïk étaient souillés. En deux mots, j'expliquai ce qui venait de m'arriver. Abd el-Kader me fit donner d'autres vêtements et je vins m'asseoir auprès de lui. J'étais sous l'influence d'une excitation nerveuse dont je n'étais pas maître. « Guéris-moi, lui dis-je, guéris-moi ou je préfère mourir, car dans cet état je me sens incapable de te servir. »

Il me calma, me fit boire une infusion de *schiehh* (espèce d'absinthe commune dans le désert), et appuya ma tête, que je ne pouvais plus soutenir, sur un de ses genoux. Il était accroupi à l'usage arabe ; j'étais étendu à ses côtés. Il posa ses mains sur ma tête, qu'il avait dégagée du haïk et des chéchias, et sous ce doux attouchement je ne tardai pas à m'endormir. Je me réveillai bien avant dans la nuit ; j'ouvris les yeux et je me sentis réconforté. La mèche fumeuse d'une lampe arabe éclairait à peine la vaste tente de l'émir. Il était debout, à trois pas de moi ; il me croyait endormi. Ses deux bras, dressés à la hauteur de sa tête, relevaient de chaque côté son burnous et son haïk d'un blanc laiteux qui retombaient en plis superbes. Ses beaux yeux bleus, bordés de cils noirs, étaient relevés, ses lèvres légèrement entrouvertes semblaient encore réciter une prière et pourtant elles étaient immobiles ; il était arrivé à un état extatique. Ses aspirations vers le ciel étaient telles qu'il semblait ne plus toucher à la terre.

Admis quelquefois à l'honneur de coucher dans la tente d'Abd el-Kader, je l'avais vu en prière et j'avais été frappé de ses élans mystiques, mais cette nuit il me représentait l'image la plus saisissante de la foi. C'est ainsi que devaient prier les grands saints du christianisme.

Léon Roches, *ibidem*

«On peut dire à l'honneur d'Abd el-Kader...»

Honorer un grand ennemi permet de grandir son vainqueur. Pourtant, Bugeaud admirait sincèrement Abd el-Kader. Lorsque l'émir fut contraint à l'exil, il le défendit fermement et plaida en faveur de son élargissement.

L'émir qui n'a que de la cavalerie avec laquelle il fait 15 ou 20 lieues dans une nuit, qui trouve partout des sympathies, des vivres et des renseignements certains sur notre position, passe où nous ne sommes pas, où nous ne sommes plus. Il faudrait un sorcier pour deviner ses mouvements, et que nos soldats eussent des ailes pour l'atteindre. [...] Il réunit les cavaliers des tribus qui fuyaient devant moi et le général de Bourjolly, et il va tenter un coup dans l'Est, dont on ignore le but et la suite. [...]

On peut dire à l'honneur d'Abd el-Kader que *jamais* grande insurrection

d'un pays contre ses vainqueurs n'avait été mieux préparée et mieux exécutée. Les statisticiens de France peuvent argumenter tant qu'ils voudront sur le chiffre de la population arabe. Ce qui est certain, c'est que nous trouvons assez d'ennemis partout, quoique nos troupes soient très braves, qu'elles ne redoutent en aucune manière le combat contre des forces très supérieures, et qu'elles marchent sans cesse. [...] Il n'y a que l'épuisement total des Arabes qui pourra obliger Abd el-Kader à se retirer de nouveau au Maroc [...].

Mémoire du maréchal Bugeaud
au ministre de la Guerre,
24 novembre 1845

Les témoignages des officiers qui l'ont combattu et d'anciens prisonniers bien traités par sa mère seront, pour une large part, à l'origine de la constitution du parti kadérien. Dès 1848, apparaît une littérature favorable à l'émir.

« Un être détaché des choses de ce monde »

L'Émir est un homme remarquable. Il est dans une situation morale qui est inconnue à l'Europe civilisée. C'est un être détaché des choses de ce monde qui se croit inspiré et auquel (son) Dieu a donné sa mission de protéger ses coreligionnaires – cette protection n'est pour lui que la pacification de l'anarchie qui domine l'intérieur.

Son ambition n'est pas de conquérir, la gloire n'est pas le mobile de ses actions, l'intérêt personnel ne le guide pas. L'amour des richesses lui est inconnu ; il n'est attaché à la terre qu'en ce qui tient à l'exécution des volontés du Tout-Puissant dont il n'est que l'instrument. La pacification de la province le laissant en repos, il écoute des sollicitations flatteuses des habitants de l'Est qui veulent se ranger sous ses lois. L'Émir fait régner une espèce de justice. Il condamne toute exaction et ne lève que les impôts voulus par la loi sans employer la violence.

Gabriel Esquer, *Correspondance du général Drouet d'Erlon*, Honoré Champion, 1926

« La force voilée par la grâce »

Abd el-Kader a l'un de ces visages qui frappent et qui attirent dès le premier regard, plus encore par le rayonnement de l'âme que par l'éclat de la beauté. Il rappelle vaguement la belle figure traditionnelle du Christ. La douceur mélancolique et le caractère profondément ascétique empreints sur tous ses traits lui donnent un charme indicible et inspirent un respect mêlé de sympathie. Son front est large et plein de pensées ; ses yeux, bleus avec des reflets noirs, sont grands et admirablement taillés, pleins d'expression et de feu, tantôt mobiles, tantôt rêveurs sous leurs longs cils d'ébène ; son teint, d'un blanc mat, est toujours pâle ; sa barbe, noire et brillante, fait ressortir la finesse et la pureté de lignes du beau type arabe. Sa taille est moyenne, mais bien proportionnée ; son port est plein de dignité, sa démarche est grave, et ses gestes rares. Ses manières sont d'une politesse exquise et souvent affectueuse. Sa physionomie, son maintien, tout en lui respire la douceur, la sérénité, la noblesse et la majesté. À travers ce burnous d'une blancheur éblouissante et d'une royale simplicité, à travers ce visage si fascinateur et si calme, depuis la plante des pieds jusqu'à la pointe des cheveux on voit l'âme et on sent la race. En regardant ces mains si fines et si blanches, on s'étonne qu'elles aient pu tenir si longtemps et si vigoureusement le glaive des combats, mais on devine qu'elles ont su commander. En voyant cette belle tête méditative, légèrement inclinée sur l'épaule gauche, et couronnée de cet austère capuchon de laine, on croirait voir revivre une de ces têtes de moines du Moyen Âge, mais de ces moines Croisés, tels qu'on les voyait sur les murs de Jérusalem ou de Malte, de ces moines guerriers qui passaient de l'agitation des camps à la paix du cloître, et qui avaient derrière eux soixante aïeux ou soixante victoires.

Abd el-Kader parle peu, mais, quand il parle, on reconnaît à l'instant le grand orateur, sa parole est vive et facile, sa voix vibrante et sympathique. Et plus d'une fois en voyant ses lèvres s'ouvrir pour donner passage à quelques-unes de ces subites révélations d'une haute intelligence et d'un noble cœur, on s'est pris involontairement à le comparer au grand orateur catholique qui, comme lui, a livré tant de batailles, et qui, comme lui, les a toutes livrées au nom de la foi.

L'œil de feu, le regard d'aigle, chaque ligne du visage empreinte de génie, l'énergie tempérée par la suavité, la force voilée par la grâce, l'éclat de la parole et jusqu'à la couleur de l'habit, sont autant de traits de ressemblance entre les deux vaillants champions qui, entrés en lice presque à la même heure, mais dans des arènes bien différentes, ont combattu pour la religion avec le plus d'audace et d'éclat.

Ne poussons pas plus loin ce parallèle, qui séduit d'un côté, mais qui pêche de l'autre, et gardons-nous, quelque admiration qu'ils méritent tous deux, de mettre sur le même plan le défenseur de la Croix et le défenseur du Croissant.

Eugène de Civry, *Napoléon III et Abd el-Kader*, Martinon, 1853

«Le rameau de la guerre sainte ressuscitera»

Le concept de guerre juste s'est développé dans la doctrine et la pratique musulmanes à l'époque des Croisades. Ceux qui suivent la voie du Prophète se doivent de toujours rechercher la paix et les meilleures relations avec les non-musulmans mais prendront les armes contre quiconque menacera par ses actions la communauté des croyants.

« Tu as atteint ton but... »

Tu as atteint ton but, sois tranquille, repose-toi.

Desselle tes nobles coursiers essoufflés, harassés à mort.

Combien de fois m'ont-ils emporté dans les sombres déserts !

Combien de fois se sont-ils enfoncés dans les mers de brouillard,

Combien de solitudes où le ganga se perdait et où le loup hurlait de terreur, ai-je traversées avec eux !

Secs comme des arcs, ils fusaient en flèches sur l'ennemi, le criblant de blessures mortelles.

[...]

Nous sommes les diadèmes et les flambeaux de la voie juste et de la grandeur.

Notre lumière rejette dans l'ombre ceux qui aspirent à la gloire.

Nous tenons dans nos mains le pouvoir spirituel et le pouvoir temporel et nous n'avons pour orgueil que d'élever bien haut l'étendard du Prophète.

[...]

Dans tous les combats, nous avons abreuvé les lames blanches de nos sabres au sang des ennemis, et nos lances brunes ont attisé les feux de la lutte.

Rappelez-vous, Français, comment nous avons chargé à Khanq-en-Nit'ah, tels des braves défendant leur étendard.

Que de têtes, ce jour-là, mon sabre a tranchées, tandis que ma lance semait des blessures mortelles !

Mon alezan fut blessé huit fois par les baïonnettes ennemies, mais les douleurs ne lui arrachaient aucune plainte, au contraire, il redoublait d'ardeur.

Ce jour-là mon frère mourut.

Il s'en fut au paradis rejoindre le Prophète.

Les coups de baïonnettes ne lui firent tourner bride que lorsque la victoire lui parut assurée, en dépit des aboiements des ennemis.

Je l'emportai au moment où il fut blessé à mort. Que de coups pleuvaient sur lui comme les étoiles tombant du ciel !

C'est ce jour-là que je perdis mon cheval, frappé d'une balle.

Les ennemis m'auraient cerné sans l'aide de mes braves. Nos sabres furent tirés des fourreaux et n'y furent remis qu'abreuvés de sang.

Baïonnette à la main, un adversaire m'affronta.

Je tenais à la main un pistolet dont le feu aurait pu rôtir un bélier.

À ma vue il comprit qu'il allait mourir et voulut s'enfuir. Je l'abattis d'un coup de sabre.

Je chargeai contre les ennemis comme un Hachemite et ils burent le breuvage de la mort pour avoir suivi la fausse route.

Je fondis sur Bordj al-Ayn comme un lion : mon attaque brusque augmenta leur désarroi et leur déroute fut générale.

Je ne cessai de les relancer avec mon sabre et mes chevaux dont le seul souci était de charger, indifférents aux blessures.

Telles sont nos occupations habituelles.

Par nos actions, notre religion revivra et le rameau de la guerre sainte ressuscitera.

Que Dieu récompense tous ces héros intrépides qui se couvrirent de gloire dans la plaine d'Ighris.

Nous connaissons leur valeur, ce jour-là ils ne faillirent pas.

Combien de fois, bondissant, le cœur enragé, ont-ils embrasé la mêlée !

Nous sommes les fils de la guerre sans cesse renouvelée.

C'est une joie pour nous lorsqu'elle se lève, alors que nos ennemis hurlent de désespoir.

C'est pourquoi, comme Moïse sur le rocher de Horeb reçut la révélation de sa mission, j'ai pris pour fiancée la royauté.

Elle m'a fait savoir que j'étais le meilleur de ses prétendants.

Combien qui briguaient sa main furent repoussés et s'effondrèrent avec leur amour !

Je l'ai prise vierge et elle s'est soumise, tandis que l'oppresseur est allé se cacher au loin.

Au sein de mon peuple, j'ai mené la vie exemplaire du calife Omar et j'ai versé à boire les principes de la voie juste aux assoiffés et ils s'en sont abreuvés abondamment.

J'espère fermement être celui qui projettera dans les ténèbres de l'incrédulité la clarté longtemps cachée de la vraie religion.

Grâce à la protection de Muhammad le plus illustre des prophètes, celui qui réunit toutes les qualités,

Que la bénédiction et le salut de Dieu s'étendent sur lui,

sur sa famille et sur ses compagnons,

tant que les caravanes voyageront de nuit

et tant qu'un poète dira ces vers après les fatigues d'un voyage.

Tu as atteint ton but, sois tranquille, repose-toi […].

Abd el-Kader, *Diwan,* Le Caire, 1903
Traduction de Bruno Étienne

« Où sont ces jeunes gens... »

Où sont ces jeunes gens montés sur des chevaux de race

Qui broient leurs mors avec furie ?

Où sont ces burnous noirs, ces étriers qui brillent,

Et ces longs éperons qui font marcher les morts ?

Lorsqu'ils courent à la poudre,

Semblables à l'épervier, ils fondent sur les Roumis,

Avec leurs riches fusils, ils font craquer les os ;

C'est une pluie de sang qui tombe sur la contrée.

Ils sont partis ; quels admirables cavaliers !

Notre émir marche à leur tête :

Vous diriez la lune suivie par les étoiles :

Jamais femme n'enfantera leurs pareils.

Ô mon Dieu ! Vous à qui rien n'est impossible,

Rendez la victoire à nos drapeaux ;

Faites triompher les hommes qui Vous ont vendu leur âme,

Et rassasiez les vautours de la chair des impies !

Abd el-Kader, *ibidem*

Les chevaux arabes

Pour la publication de son livre consacré aux chevaux du Sahara, Eugène Daumas compléta son expérience de terrain avec les informations que lui apporta volontiers Abd el-Kader durant sa captivité, puis à son retour en Orient. Inspirées de la tradition arabe et de ses chevauchées guerrières, les longues lettres de l'émir vinrent enrichir les rééditions successives de l'ouvrage.

1° *Vous me demandez combien de jours le cheval arabe peut marcher sans se reposer et sans trop en souffrir ?*

Sachez qu'un cheval sain de tous ses membres qui mange d'orge ce que son estomac réclame, peut tout ce que son cavalier veut de lui. C'est à ce sujet que les Arabes disent :

Allef ou annef.

Donne de l'orge et abuse.

Mais sans abuser du cheval, on peut lui faire faire tous les jours seize parasanges [ancienne mesure orientale équivalent à 5 000 mètres]. C'est la distance de Mascara à Koudiat-Aghelizan sur l'Oued-Mina, elle a été mesurée en *drâa* (coudées). Un cheval faisant ce chemin tous les jours et qui mange d'orge ce qu'il en veut, peut continuer, sans fatigue, trois ou même quatre mois, sans se reposer un seul jour.

2° *Vous me demandez quelle distance le cheval peut parcourir en un jour ?*

Je ne puis vous le dire d'une manière précise, mais cette distance doit approcher de 50 parasanges, comme de Tlemcen à Mascara. Nous avons vu un très grand nombre de chevaux faire en un jour le chemin de Tlemcen à Mascara. Cependant le cheval qui aurait fait le trajet devrait être ménagé le lendemain et ne pourrait franchir le second jour qu'une distance beaucoup moindre. La plupart de nos chevaux allaient d'Oran à Mascara en un jour, et pouvaient faire deux ou trois jours de suite le même voyage.

[…]

4° *Vous me demandez pourquoi, quand les Français ne montent les chevaux qu'après quatre ans, les Arabes les montent de très bonne heure ?*

Sachez que les Arabes disent que le cheval, comme l'homme, ne s'instruit vite que dans le premier âge. Voici leur proverbe à cet égard :

Les leçons de l'enfance se gravent sur la pierre ;

Les leçons de l'âge mûr disparaissent comme les nids des oiseaux.

Ils disent encore :

La jeune branche se redresse sans grand travail,

Mais le gros bois ne se redresse jamais.

Dans la première année les Arabes instruisent déjà le cheval à se laisser conduire avec le *reseun*, espèce de caveçon ; ils l'appellent alors *djeda*, commencent à l'attacher et à le brider. Dès qu'il est devenu *teni*, c'est-à-dire qu'il entre dans sa seconde année, ils le montent un mille, puis deux, puis un parasange, et dès qu'il a dix-huit mois, ils ne craignent pas de le fatiguer. […]

Si un cheval n'est pas monté avant la troisième année, il est certain qu'il ne sera bon tout au plus que pour courir, ce qu'il n'a pas besoin d'apprendre, c'est sa faculté originelle [...].

8° *Vous me dites que l'on vous soutient que les chevaux de l'Algérie ne sont point des chevaux arabes, mais des chevaux berbères* (barbes) ?

C'est une opinion qui retourne contre ses auteurs. Les Berbères sont arabes d'origine. [...]

Il est bien vrai que si tous les chevaux d'Algérie sont arabes de race, beaucoup sont déchus de leur noblesse parce qu'on ne les emploie que trop souvent au labourage, au dépiquage, à porter, à traîner des fardeaux, et autres travaux semblables, parce que les juments ont été soumises à l'âne, et que rien de cela ne se faisait chez les Arabes d'autrefois. À ce point, disent-ils, qu'il suffit au cheval de marcher sur une terre labourée pour perdre de son mérite. On raconte à ce sujet l'histoire suivante :

Un homme marchait monté sur un cheval de race. Il est rencontré par son ennemi également monté sur un noble coursier. L'un poursuit l'autre, et celui qui donne la chasse est distancé par celui qui fuit. Désespérant de l'atteindre, il lui crie alors :

– Je te le demande au nom de Dieu, ton cheval a-t-il jamais labouré ?

– Il a labouré pendant quatre jours.

– Eh bien ! le mien n'a jamais labouré. Par la tête du Prophète, je suis sûr de t'atteindre.

Il continue à lui donner la chasse. Sur la fin du jour, le fuyard commence à perdre du terrain, et le poursuivant à en gagner ; il parvient bientôt à combattre celui qu'il avait d'abord désespéré de rejoindre. [...]

9° *Vous me demandez encore nos préceptes pour la manière d'entretenir et de nourrir nos chevaux ?*

Sachez que le maître d'un cheval lui donne d'abord peu d'orge, augmentant successivement sa ration par petites quantités, puis la diminue un peu dès qu'il en laisse, et la maintenant à cette mesure.

Le meilleur moment pour donner l'orge est le soir. Excepté en route, il n'y a aucun profit à en donner le matin. On dit à cet égard :

L'orge du matin se retrouve dans le fumier.

L'orge du soir dans la croupe.

La meilleure manière de donner l'orge est de la donner au cheval sellé et sanglé, comme la meilleure manière d'abreuver est de faire boire le cheval avec sa bride.

On dit à cet égard :

L'eau avec la bride,
Et l'orge avec la selle.

Les Arabes préfèrent surtout le cheval qui mange peu, pourvu qu'il n'en soit pas affaibli. C'est, disent-ils, *un trésor sans prix.*

Faire boire au lever du soleil, fait maigrir le cheval ;

Faire boire le soir, le fait engraisser ;

Faire boire au milieu du jour, le maintient en son état.

Pendant les grandes chaleurs qui durent quarante jours (*semaïme*), les Arabes ne font boire leurs chevaux que tous les deux jours. On prétend que cet usage est du meilleur effet.

Dans l'été, dans l'automne et dans l'hiver, ils donnent une brassée de paille à leurs chevaux ; mais le fond de la nourriture est l'orge de préférence à toute autre substance.

Les Arabes disent à cet égard :

Si nous n'avions pas vu que les chevaux proviennent des chevaux, nous aurions dit : c'est l'orge qui les enfante.

Lettre d'Abd el-Kader à Daumas, 8 novembre 1851, *in* Eugène Daumas, *Les Chevaux du Sahara,* Hachette, 1862

« La Prise de la Smala d'Abd el-Kader»

La Prise de la Smala d'Abd el-Kader par le duc d'Aumale *fut présentée au Salon de 1845, moins de deux ans après les faits. Il fallut ce temps à Horace Vernet pour venir à bout de ce qui apparaissait comme la plus grande peinture d'histoire jamais réalisée : 21,39 par 4,89 mètres – un peu plus de cent mètres carrés ! L'engouement populaire ne fut guère partagé par les critiques.*

Eugène Fromentin

En 1845, Fromentin n'est qu'un jeune peintre de province et n'a pas encore effectué ses voyages en Algérie. Admirateur de Delacroix, il n'apprécie guère cette Smala *due à « l'infatigable historiographe de l'Empire ».*

On m'excusera de ne point décrire la Smalah de M. Vernet ; cette toile de soixante pieds de long, toute remplie d'épisodes charmants et terribles, d'une fidélité parfaite comme plan d'attaque, et de mouvements stratégiques, dont presque toutes les figures arabes ou françaises sont des portraits, a besoin pour ceux qui la voient d'être étudiée longuement le programme à la main, à distance et dans les moindres détails […].

Eugène Fromentin, Salon de 1845, *Œuvres complètes,* Gallimard, 1984

Charles Baudelaire

La critique du poëte est encore plus virulente, tant sur la Prise de la Smala *que sur toute l'œuvre de Vernet.*

Cette peinture africaine est plus froide qu'une belle journée d'hiver. Tout y est d'une blancheur et d'une clarté désespérantes. L'unité nulle ; mais une foule de petites anecdotes intéressantes, un vaste panorama de cabaret.

Charles Baudelaire, Salon de 1845, in *Curiosités esthétiques, Œuvres complètes,* Gallimard, 1975

Je hais cet homme parce que ses tableaux ne sont point de la peinture, mais une masturbation agile et fréquente, une irritation de l'épiderme français.

Charles Baudelaire, Salon de 1846, *ibidem*

Théophile Gautier

Critique professionnel, Théophile Gautier consent à s'attarder sur la grande œuvre, mais n'en est pas moins sévère.

La *Smala* fera au Salon de 1845 un tapage qui détournera, nous le craignons bien, l'attention publique d'œuvres de plus haut titre et de plus longue portée. […]
    La composition se déroule de manière transversale et renferme une foule de groupes plutôt juxtaposés que combinés ensemble, inconvénient inévitable dans une action multiple et diffuse comme

celle de l'attaque d'un camp assailli à l'improviste. Nous ne demanderons pas à M. Horace Vernet une concentration impossible ; mais pourtant il nous semble qu'il y aurait eu moyen de mieux relier entre eux les différents épisodes de cette vaste scène de désolation.

L'aspect général du tableau est d'une localité dure et froide qui n'indique pas le climat torride de l'Afrique. [...]

Nous aurions souhaité, au lieu de cette peinture un peu trop fidèle au bulletin, au plan topographique, et plus satisfaisant sous le rapport de la stratégie que sous celui de l'art, une de ces éblouissantes et farouches mêlées [...]. Certainement, il y a de tout cela dans le tableau de M. Horace Vernet ; rien n'y manque, pas même les deux petites gazelles familières qui s'enfuient épouvantées de ce tintamarre ; pas même la vieille négresse idiote, ne comprenant rien à ce qui se passe, et continuant à jouer, au milieu de la fusillade, avec une écorce de pastèque enfilée dans un roseau. Les croupes des chevaux sont satinées et reluisent sous leur pommelage bleuâtre ; les femmes tendent leurs beaux bras tatoués d'azur et chargés de bracelets, ou serrent leurs enfants qui crient sur leur gorge ensanglantée. Les Arabes ont bien le burnous blanc qui leur donne l'air de fantômes, et les longs fusils historiés de corail ; mais le désordre, la furie, le poudroiement lumineux, la brume ardente de la bataille, le pinceau qui s'écrase sur une veste raide de broderie ou sur une rugosité de terrain, le caprice féroce qui creuse et élargit les blessures à plaisir, tout ce qui naît d'un choc imprévu de couleur dans la fièvre d e l'exécution, tous ces beaux hasards que les grands maîtres savent seuls conserver, vous les chercheriez en vain dans *La Prise de la Smala*. [...]

Nous ferons encore un reproche à M. Horace Vernet : c'est de n'avoir pas pris son sujet assez au sérieux. Plusieurs de ces figures sont évidemment tracées avec une intention grotesque, enlaidies ou grimaçantes à dessein : certains de ces Arabes sont plus laids que des Prussiens ou des Kalmouks du Cirque-Olympique. La peur est exprimée sur leurs traits d'une façon qui frise la charge. Il faut laisser cela aux caricaturistes de profession. Nous avons vaincu les Arabes – c'est glorieux pour nous – mais en fait de beauté, de tournure et de caractère, nous sommes beaucoup en dessous d'eux.

Nous sommes étonnés qu'un peintre ne se soit pas senti ému de plus de commisération pour ces belles figures, ces nobles draperies, ces armes richement ciselées, tout ce monde splendide et patriarcal à la fois, capitale errante de ce barbare aux sourcils noirs, aux yeux bleus, qui assis sur un tapis de feutre, et tenant l'orteil de son petit pied dans sa main délicate et blanche, déjoue depuis tant d'années l'habileté de la vieille civilisation européenne !

De si beaux ennemis doivent être peints avec gravité et respect. Il n'y a rien de gai d'ailleurs dans cette irruption soudaine et violente, d'un escadron de cavalerie au milieu d'un camp rempli de femmes, d'enfants et de vieillards ! Tuons les Arabes, puisque nous sommes en guerre avec eux, mais ne les peignons pas en faisant pour mourir des grimaces de Bobèche ; ils défendent leur religion et leur patrie, et ceux qui tombent sous nos balles voient déjà, de leurs yeux voilés de sang, s'entrouvrir le paradis de Mahomet, avec les trois cercles de houris bleues, vertes et rouges, car ce sont des saints et des martyrs.

Théophile Gautier,
La Presse, 18 mars 1845

«L'intelligent connaît les hommes par la vérité, et non la vérité par les hommes»

De ses nombreuses discussions avec ses visiteurs, surtout à Amboise, l'émir a tiré quelques écrits pédagogiques sur l'islam à l'attention des Chrétiens. Mais il y expose aussi ses propres conceptions de Dieu, de la révélation divine, de l'homme, et y développe sa philosophie personnelle de l'existence.

Sachez que l'homme intelligent doit considérer la parole et non la personne qui l'a dite. Car, si cette parole est une vérité, il doit l'accueillir, celui qui l'a dite fût-il réputé grave ou frivole. L'or s'extrait du sable, le narcisse de l'oignon, la thériaque des serpents et la rose des épines.

L'intelligent connaît les hommes par la vérité, et non la vérité par les hommes ; car la parole du sage est errante, et l'intelligent la prend de tout homme chez lequel il la trouve, humble ou élevé.

Le plus faible degré de la science, chez le savant, c'est de se distinguer du vulgaire dans des choses comme celles-ci :

Savoir qu'on ne doit pas attribuer une qualité vicieuse au miel, parce qu'on le trouve dans la ventouse du chirurgien ; que le sang est impur non parce qu'il est dans la ventouse, mais parce qu'il l'est en lui-même. Si le miel n'est pas impur en lui-même, il ne le deviendra pas dans le vase d'un sang corrompu ; et il n'y a pas lieu alors de le rejeter.

Cependant, tel est le vain sentiment de la plupart des hommes. Ils acceptent une parole attribuée à quelqu'un pour lequel ils sont prévenus, et ils la repoussent, si elle est de quelqu'un en qui ils n'ont pas foi. Ils jugent toujours de la vérité par les hommes, et jamais des hommes par la vérité. C'est là le pire de l'ignorance et du mal. Celui qui, dans un évanouissement, a besoin de la thériaque, et la rejette parce qu'elle est extraite d'un serpent, doit être averti que sa répulsion est celle d'un ignorant, et qu'il se prive d'un secours qui lui était nécessaire.

Le savant est celui qui saisit facilement la différence entre la sincérité et le mensonge dans les paroles, entre la vérité et la fausseté dans les croyances, entre le bon et le mauvais dans les actions ; celui-là n'est pas savant pour lequel la vérité est cachée sous la fausseté, la sincérité sous le mensonge, et le bon sous le mauvais ; et qui, s'asservissant à un autre, adopte sa croyance et ses paroles ; c'est là le propre des ignorants.

On prend pour guides deux sortes d'hommes :

Les uns sont les savants qui s'aident et aident les autres, et qui, possédant la vérité par démonstration, non par imitation, appellent les hommes à la connaissance de la vérité par le raisonnement et non par l'autorité.

Les autres s'annihilent eux et autrui, imitant leur père, leur aïeul, leurs ancêtres dans ce qu'ils croyaient et trouvaient bon ; renonçant à l'esprit d'examen, ils invitent les hommes à les suivre aveuglément ; mais l'aveugle est-il fait pour guider les aveugles ? S'il est blâmable d'imiter les hommes dans leurs croyances, il l'est plus encore de s'asservir à leurs livres : un animal conduit vaut mieux qu'un esclave dirigé. Les Oulamas et ceux qui ont une foi ferme dans la religion, sont le plus souvent en opposition dans leurs discours ; choisir un seul d'entre eux et le suivre sans raison, c'est agir avec légèreté, et admettre sa prépondérance sans contre-poids. Tout homme, par cela seul qu'il est homme, est apte à comprendre les vérités en elles-mêmes ; car l'esprit, siège de la science, est, par rapport aux vérités des choses, ce qu'est, par rapport aux diverses formes, le miroir qui les reflète successivement. Si les formes n'apparaissent pas dans le miroir, c'est par l'effet de diverses causes dont la première est l'imperfection de ces mêmes formes : tel est le fer avant d'être tourné, façonné et poli ; la seconde cause est la scorie, la rouille du fer, devenu parfait de forme ; la troisième, lorsque l'objet n'est pas du côté où sa forme doit se refléter, par exemple, quand il se trouve derrière le miroir ; la quatrième, lorsqu'un voile se place entre le miroir et la forme ; la cinquième est l'ignorance du lieu où se trouve la forme cherchée ; car, alors, la forme ne se trouve pas toujours en face de l'objet qui doit la refléter. Il en est de même de l'esprit, c'est le miroir prêt à recevoir les impressions ; les formes des choses connues s'y reflètent.

La science n'échappe à l'esprit que par les cinq causes suivantes :

La première est l'imperfection dans la nature même de l'esprit, celui de l'enfant, par exemple. Il y a des choses qui ne se reflètent pas en lui.

La seconde, ce sont les impuretés provenant des préoccupations terrestres et dont les scories s'amassent sur la face

de l'esprit ; mais l'esprit qui marche à la découverte des vérités et se détourne de ce qui en éloigne, acquiert éclat et pureté.

La troisième cause, c'est l'écart de l'esprit du chemin qui conduit à la vérité cherchée.

La quatrième, c'est le voile : l'esprit, qui ne s'est fait aucune opinion par lui-même sur une vérité, ne peut souvent la découvrir, à cause du voile qu'a jeté sur lui une croyance antérieure venue, dès l'enfance, par voie d'imitation et bénévolement acceptée. Cette croyance s'interpose entre l'esprit et la vérité et l'empêche de reconnaître autre chose que ce qu'il a déjà adopté par imitation. C'est là le grand voile qui a fermé, pour la plupart des hommes, le chemin de la vérité ; car les croyances aveugles qui enveloppent leur âme s'y sont incrustées et ont en quelque sorte pétrifié leur esprit.

La cinquième cause, c'est l'ignorance du chemin qui conduit à la connaissance de l'objet. Celui qui le cherche, ne peut le trouver qu'en faisant appel aux sciences qui s'y rapportent : aussitôt qu'il se les rappelle et les a mises en ordre dans son esprit par le procédé connu des savants, il trouve la direction à prendre pour atteindre l'objet cherché, et la vérité alors lui apparaît. […]

L'homme ne voit pas l'objet qu'il a devant les yeux, s'il n'y porte pas son attention par de vifs mouvements ; et l'esprit, qui ne se meut pas non plus d'une perception à l'autre, ne saisit pas la vérité ; on appelle ces mouvements : pensée, idée, vue de l'esprit. Comme l'œil ne perçoit les objets que lorsque les feux du jour, du soleil et des autres astres, se lèvent, ainsi l'esprit n'aperçoit clairement les vérités que lorsque se lèvent pour lui les lumières qui naissent du concours et de la direction infaillible du Dieu Très-Haut.

Abd el-Kader, *Lettre aux Français*, traduction de Gustave Dugat, Paris, 1855

Abd el-Kader, frère maçon

Au lendemain des émeutes de Damas, plusieurs loges maçonniques adressèrent à Abd el-Kader des lettres de félicitations. Comptant un certain nombre d'érudits intéressés par l'Orient, tel Eugène Dugat, la loge parisienne Henri IV, affiliée au Grand Orient de France, sollicita l'adhésion de l'émir. S'ensuivit toute une correspondance échangée entre les années 1860 et 1865.

« La loge Henri IV vous offre comme hommage son bijou symbolique »

Cette première lettre de la loge Henri IV accompagne l'envoi de l'emblème franc-maçon.

Très illustre émir,

Partout où la vertu se produit avec éclat, partout où la tolérance et l'humanité ont été sauvegardées et glorifiées, les francs-maçons accourent pour acclamer et reconnaître celui qui, au prix des plus grands sacrifices, sait accomplir l'œuvre de Dieu sur la terre et prêter à l'opprimé un appui tutélaire et désintéressé.

C'est que la franc-maçonnerie sent que ces hommes sont les siens, qu'ils marchent dans sa voie, et elle éprouve le besoin de leur crier merci et courage ! au nom de l'infortune, au nom de la société, au nom des grands principes sur lesquels elle repose.

Voilà pourquoi, Très illustre émir, nous, membres de la loge maçonnique Henri IV, à l'Orient de Paris, nous venons, après tant d'autres, mais avec non moins d'ardeur et de reconnaissance, ajouter un modeste fleuron à la couronne de bénédictions que le monde civilisé pose aujourd'hui sur votre noble et sacrée tête. Nous venons offrir notre tribut d'admiration à celui qui, supérieur aux préjugés de caste et de religion, s'est montré homme avant tout et n'a écouté que les inspirations de son cœur pour opposer un inexpugnable rempart aux fureurs de la barbarie et du fanatisme.

Oui, vous êtes bien le représentant, le véritable type de cette vigoureuse nationalité arabe à laquelle l'Europe doit en grande partie sa civilisation et les sciences qui l'éclairent. Vous avez prouvé par vos actes et la magnanimité de votre caractère que cette race n'a pas dégénéré et que si elle semble assoupie, elle peut se réveiller pour les grandes œuvres, aux évocations d'un génie aussi puissant que le vôtre. Après l'avoir soutenue de votre glaive avec une gloire et une grandeur que la France, alors votre adversaire, a su apprécier et admirer, vous la glorifiez plus encore par la générosité et le dévouement dont vous venez de donner les preuves en faveur de la civilisation. Les Omar, les Averroès, les Alfarabi, vous résumez en vous seuls les guerriers, les savants, les philosophes dont votre nation est fière à si juste titre.

À vous donc, très illustre émir, à vous, gloire et merci de nouveau ! Puisse le Dieu que nous adorons tous, ce Dieu qui a Son trône au fond de tous les cœurs généreux, achever Son œuvre par vos mains ! Ne semble-t-Il pas en effet vous avoir amené, après tant de vicissitudes et par un dessein secret de Sa providence, au milieu de ces contrées, pour y dissiper les ténèbres de l'ignorance, éteindre les torches d'un fanatisme abruti et faire remonter au rang de peuple civilisé ces malheureux égarés par l'ignorance ? Aussi, nous confions-nous assez en Sa miséricorde pour attendre ce résultat de votre sainte influence, de l'ascendant de vos lumières et de vos vertus.

La franc-maçonnerie, qui a pour principe l'existence de Dieu et l'immortalité de l'âme, et pour base de ses actes, l'amour de l'humanité, la pratique de la tolérance et de la fraternité universelle, ne pouvait assister sans émotion au grand spectacle que vous donnez au monde. Elle reconnaît, elle revendique comme un de ses enfants (par la communion d'idées tout au moins) l'homme qui, sans ostentation et d'inspiration première, met si bien en pratique sa sublime devise : « Un pour tous . »

C'est sous cette impression, très illustre émir, que la loge Henri IV, petit groupe de la grande famille maçonnique, a cru devoir vous adresser cette faible, mais bien sincère expression de ses ardentes sympathies, et vous offrir comme hommage son bijou symbolique. Ce modeste bijou n'a de valeur que par ses emblèmes : équerre, niveau, compas ; Justice, Égalité, Fraternité ; mais il brille sur des poitrines dévouées à l'humanité et dévorées de l'amour de leurs semblables. À ce titre, nous vous l'offrons, et, si vous daignez l'agréer, lorsque vos regards viendront à le rencontrer, vous vous direz que là-bas, bien loin dans l'Occident, il y des cœurs qui battent à l'unisson du vôtre, des hommes qui ont votre nom en vénération, des frères qui vous aiment déjà comme un des leurs et qui seraient fiers si des liens plus étroits leur permettaient de vous compter au nombre des adeptes de leur institution.

Orient de Paris, le 16 novembre 1860 de l'ère vulgaire.

Archives du Grand Orient de France, Paris

L'émir envoie ses remerciements et manifeste clairement son intention de « s'associer à cette honorable confrérie».

Louange à Dieu seul !

Respectables messieurs les grands maîtres et membres de la société franc-maçonne que Dieu vous garde.

Recevez, messieurs, l'expression sincère de mes souhaits et de ma considération la plus haute.

Alors que je prenais bonne note de vos précédents et nobles propos et que je méditais sur la façon dont le grand architecte de l'Univers accordait ses bienfaits peu à peu et non pas d'un coup, afin que la jouissance des hommes dure et qu'ils ne cessent pas d'en remercier le Très Haut, j'ai eu le plaisir de recevoir votre noble livre, expression d'une amitié indubitable, en même temps que la fleur universelle dont l'odeur symbolique surpasse celle de la précieuse rose, et dont l'allusion à la justice, à l'égalité et à la fraternité dépasse la sagesse d'Aristote qui réunit pourtant toutes sortes de beautés. Ça été pour moi, votre dévoué, une joie, probablement inaccessible. Je me suis réjoui premièrement parce que j'ai cru découvrir les trésors du monde, deuxièmement parce que son arrivée a coïncidé avec mes propres méditations au sujet des bienfaits du Créateur Très Haut ; car votre souhait d'unir mes idées aux vôtres, je ne peux le considérer que comme une grâce du Créateur, un don par lequel Il m'a distingué après un malheur complet.

Qu'Il en soit loué ! Je serais parfaitement heureux si vous acceptez cette union car je suis sûr et certain que votre démarche est bonne et vos idées justes. Il n'est de témoignage plus équitable que votre sympathie pour moi lorsque vous avez appris le souci que j'ai eu de mes frères humains, et l'aide que je leur ai apportée au moment de cette agression barbare. Quel plus grand honneur peut surpasser l'amour de l'homme pour l'humanité ?

S'il n'y a pas d'amour en nous, appartiendrons-nous à une religion droite ? Bien sûr que non. L'amour est l'unique fondement. Or Dieu est le Dieu du Tout ; il faut donc que nous aimions ce Tout.

Ceci dit, j'envoie à votre éminente société ma lettre que voici pour trois raisons qui constituent mon plus grand souhait.

Premièrement, exprimer ma gratitude à vos excellences pour cet insigne béni que j'ai obtenu sans l'avoir mérité si ce n'est par le grand amour que je porte à tous et la sympathie que j'ai pour vous individuellement et globalement. Sa valeur pour moi est en effet supérieure à la couronne d'Alexandre fils de Philippe. C'est la raison pour laquelle je l'ai accepté avec plaisir et infiniment de considération.

Deuxièmement, pour que vous soyez sûrs de mon désir d'accepter la fraternité d'amour et de partager les mêmes idées que vous sur l'ensemble de vos sublimes règles que je suis disposé à défendre. Lorsque vous m'aurez fait connaître les articles qui me lient à elles je serai très respectueux des constitutions ainsi que vous me l'avez, messieurs, fait comprendre. Je me considérerai comme heureux quand j'aurai trouvé un de vos ouvriers plus ardent défenseur que moi.

Troisièmement, afin que notre amicale correspondance soit ininterrompue à partir de maintenant ; car je suis prêt à accueillir toutes les bonnes idées qui vous viendront à l'esprit, à compléter avec joie toutes les règles que m'impose votre amitié aussitôt que j'aurai su ce qu'il faut faire pour atteindre mon but.

Encore une fois, je renouvelle à tous ma gratitude à chaque instant et en tout lieu, et adresse mes respects à tous les frères dans les quatre points cardinaux.

Que Dieu le Très Haut vous garde dans la joie. Amen.

Votre ami dévoué, Abd el-Kader, fils de Mohyddine.

Damas, 10 août 1864.

Traduction de Eugène Dugat reprise par Bruno Étienne, Archives d'Outre-mer, Aix-en-Provence

Comme tout candidat désireux d'entrer en maçonnerie, l'émir répond aux questions traditionnelles que lui adresse la loge Henri IV sur ses conceptions métaphysiques.

[...] Quant à votre question sur les obligations de l'homme envers ses semblables, voici la réponse : il doit les conseiller en leur montrant ce qui est bien pour eux ici-bas et dans l'au-delà, les aider à y arriver en instruisant les ignorants et en attirant l'attention du négligent, les défendre eux et leur honneur, respecter les hommes âgés, se montrer bon envers les enfants, rendre service, ne pas être envieux, faire le bien et repousser le mal. Toutes les religions

reposent sur deux fondements :
le premier consiste à glorifier Dieu,
le deuxième à être bon envers Ses
créatures. L'homme doit en outre
considérer l'âme de ses semblables
et la sienne comme venant d'une même
origine, qu'il n'y a pas de différence
entre leur âme et la sienne si ce n'est
par les vêtements et les apparences. Car
l'âme universelle émanant de l'Esprit
Universel comme Ève a émané d'Adam
qui est à l'origine de toutes les âmes. Les
âmes sont uniques et non pas multiples.

La multiplicité réside uniquement
dans les apparences et les formes que les
âmes prennent parce que les corps sont
des demeures obscures, des zones
d'ombres qui, pénétrées par les lumières
de l'âme s'éclairent et rayonnent
des lumières qui en émanent comme
les lieux qui s'éclairent quand ils sont
touchés par la lumière du soleil alors
que la lumière de celui-ci est une et une
seule et que le disque solaire est un
et en constitue la substance. Cependant
lorsque la lumière du soleil en a émané,
elle a éclairé les lieux devenus multiples
grâce à elle et s'est, elle-même,
multipliée de ce fait. La multiplication
vient des lieux et non de la lumière
puisque la lumière reste inchangée
et le soleil aussi.

La lumière en Syrie n'est pas celle
qui se trouve en France nécessairement.
Il n'y a qu'une âme qui s'est manifestée
en différents aspects. La multiplication
est aux aspects et non à l'apparence.
Il en est de même de l'apparition de
degrés du nombre qui se sont multipliés
par un, en partant des unités, des
dizaines, des centaines et des milliers
parce que chacun des degrés du nombre
n'est rien d'autre que l'un qui s'est
apparent. Par exemple, deux ne sont rien
d'autre qu'un et un qui se sont
additionnés pour donner deux. Seul

donc un s'est répété et il en est de même
du reste des nombres jusqu'à l'infini.
Tous les degrés des nombres sont donc
les développements des aspects du un.
Ils sont nombreux et il est un. Un autre
exemple, l'âme universelle est comme
le centre du cercle, et les âmes
particulières comme le cercle ; or le
cercle est tout entier constitué de lignes
et de points reliés les uns aux autres.
Le centre du cercle fait face à chacun
des points du cercle en totalité et chacun
des points du cercle est le centre du
cercle même par sa singularité et du fait
qu'il lui fait face. Le centre englobe
ainsi chaque point. C'est pourquoi
l'homme peut s'aimer en autrui. [...]

La pratique de la tolérance consiste
à ne pas s'en prendre à l'homme
d'une religion quelconque pour l'obliger
à l'abandonner, à renoncer à sa croyance
par l'épée et la contrainte. Toutes les lois
religieuses authentiques sont tolérantes,
que ce soit l'Islam ou d'autres. Seuls
les ignorants, qu'ils soient musulmans
ou autres, croient que si les musulmans
combattent les chrétiens ou autres ils
le font pour les obliger à abandonner
leur religion et adopter l'Islam, ce qui
est une erreur ; car la loi islamique
ne contraint personne à renoncer
à sa religion ; mais c'est un devoir
pour celui qui connaît la vérité en
matière de croyance et ce qui est juste
en matière d'œuvres et qui voit
quelqu'un dans l'erreur, dépourvu de
bon sens, de le ramener avec douceur
et intelligence et de lui montrer la voie
par la preuve et les arguments qui
s'adressent à la raison. Il s'agit d'être
utile à un frère et de le protéger du
mal. C'est même l'attitude la plus
importante.

Traduction de Eugène Dugat
reprise par Bruno Étienne,
Archives d'Outre-mer, Aix-en-Provence

Écrits mystiques

Nourri de son action passée et de ses réflexions métaphysiques, le Livre des haltes *(*Kitâb al-Mawâqif*) contient l'ensemble des enseignements d'Abd el-Kader dispensés à Damas. À partir des versets du Coran, l'émir expose la doctrine des différentes écoles ou des savants musulmans puis en donne sa propre interprétation, souvent inspirée des écrits de Mahieddine ibn Arabi.*

De l'imitation du Prophète

« *Certes, il y a pour vous dans l'Envoyé d'Allah un modèle excellent* » (Cor. 33 : 21).

J'ai reçu ce précieux verset selon une modalité spirituelle secrète : Allah, en effet, lorsqu'Il veut me communiquer un ordre ou une interdiction, m'annoncer une bonne nouvelle ou me mettre en garde, m'enseigner une science ou répondre à une question que je Lui ai posée, a pour coutume de m'arracher à moi-même – sans que ma forme extérieure en soit affectée – puis de projeter sur moi ce qu'Il désire par une allusion subtile contenue dans un verset du Coran. Après quoi, Il me restitue à moi-même, muni de ce verset, consolé et comblé. Il m'envoie ensuite une inspiration au sujet de ce qu'Il a voulu me dire par le verset considéré. La communication de ce verset s'opère sans son ni lettre et ne peut être assignée à aucune direction de l'espace.

J'ai reçu de cette manière – et c'est à Allah qu'en revient la Grâce – environ la moitié du Coran, et j'espère ne pas mourir avant que je ne possède ainsi le Coran tout entier. Je suis, par la faveur d'Allah, protégé dans mes inspirations, assuré de leurs origines et de leurs fins, et Satan n'a pas de prise sur moi, car nul démon ne peut apporter la Parole d'Allah : ils ne peuvent transmettre la Révélation, cela leur est totalement impossible.

Tous les versets dont je parle ici [dans cet ouvrage], je les ai reçus selon cette modalité, à quelques rares exceptions près.

Les Gens de notre Voie – qu'Allah soit satisfait d'eux ! – n'ont jamais prétendu apporter quoi que ce soit de nouveau en matière spirituelle, mais seulement découvrir dans la Tradition immémoriale des significations nouvelles. La légitimité de cette attitude est confirmée par la parole du Prophète selon laquelle l'intelligence d'un homme n'est parfaite que lorsqu'il découvre au Coran des significations multiples, ou par cet autre *hadith* rapporté par Ibn Hibban dans son *Sahih*, selon lequel le Coran a « un extérieur et un intérieur [littéralement : un dos, *zahr*, et un ventre, *batn*], une limite et un point d'ascension ». Ou encore par ce propos d'Ibn 'Abbas : « Aucun oiseau n'agite ses ailes dans le ciel sans que nous trouvions cela inscrit dans le Livre d'Allah. » Et aussi par cette demande (*du'a*) que le Prophète adressa à Allah en faveur d'Ibn 'Abbas : « Rends-le perspicace en matière de religion et enseigne-lui la science de l'interprétation (*ta'wîl*). » De même, dans le *Sahih*, il est mentionné qu'on demanda à Ali : « L'Envoyé d'Allah vous a-t-il privilégiés, vous autres Gens de la Maison (*ahl al bayt*), par une science particulière qui n'aurait pas été accordée aux autres ? » Il répondit : « Non – par Celui qui fend le germe et crée tout être vivant ! – à moins que tu ne veuilles parler d'une pénétration particulière des significations du Livre d'Allah. »

Tout ce qui se trouve en cette page, et tout ce qui se trouve dans ces *Mawâqif*, est de cette nature. C'est Allah qui dit le Vrai, et c'est Lui qui guide sur le chemin droit !

Quant à celui qui veut vérifier la véridicité des Gens de la Voie, qu'il les suive ! Les Gens de la Voie ne réduisent pas à néant le sens littéral [du Livre sacré]. Ils ne disent pas non plus : « Le sens de ce verset se ramène à ce que nous en avons compris, à l'exclusion de toute autre signification. » Bien au contraire, ils affirment la validité du sens exotérique conformément à la littéralité du texte et se bornent à dire : « nous avons perçu une signification qui s'ajoute au sens littéral ». Il est évident que la Parole d'Allah est à la mesure de Sa science. Or Sa science embrasse également les choses nécessaires, les choses possibles et les choses impossibles. On peut aller jusqu'à soutenir, par conséquent, qu'Allah a voulu dire par un verset donné tout ce qu'en ont compris aussi bien les exotéristes que les ésotéristes – et en outre tout ce qui a échappé aux premiers comme aux seconds. C'est pour cela que, chaque fois que survient un être dont Allah a ouvert le regard intérieur (*basira*)

et illuminé le cœur, on le voit tirer d'un verset ou d'un *hadith* un sens que personne avant lui n'avait été conduit à découvrir. Et il en sera ainsi jusqu'au lever de l'Heure ! Or tout cela est dû au caractère infini de la Science d'Allah, qui est leur Maître et leur Guide.

[Revenant au verset introductif de ce chapitre] nous dirons qu'il représente – en dépit de sa brièveté – un caractère de miracle inimitable (*i'jâz*) tel qu'il n'est possible d'en rendre compte, ni de manière directe, ni par allusion symbolique. C'est une mère immense, sans commencement ni fin. […]

Abd el-Kader, *Kitâb al-Mawâqif,*
Traduction de Michel Chodkiewicz,
Écrits spirituels, Le Seuil, 1982

Les deux voies

*L'islam orthodoxe suit la voie de la Sunna, la tradition du Prophète. Mais certains musulmans parcourent d'autres chemins plus exigeants, plus spécifiques, en suivant la règle confrérique (*tariqa*) ou en empruntant la voie de la mystique* (al-Tassawuf) *qui peut les conduire au Fana', à l'extinction par la fusion dans l'Un.*

« *Et nous t'avons déjà donné sept redoublés* » (Cor. 15 : 87).

Celui qu'Allah a gratifié de Sa miséricorde en Se faisant connaître à lui et en lui faisant connaître la réalité essentielle du monde supérieur et du monde inférieur, si, en dépit de cela, il se met à désirer la vision du monde de l'occultation (*'alam al-ghayb*), de l'Imagination absolue (*al-khayal al-mutlaq*), et de tout ce qui échappe à la perception sensible en fait de formes illusoires, de pures relations dépourvues d'existence objective et qui n'ont d'autre réalité que celle de l'Être véritable (*al-wujud al-haqq*) – car elles ne sont rien d'autre que Ses manifestations, Ses attributions, Ses relations objectivement non existantes – celui-là est dans l'erreur et contrevient aux convenances spirituelles.

Je suis de ceux qu'Allah a gratifiés de Sa miséricorde en Se faisant connaître à eux et en leur faisant connaître la réalité essentielle de l'univers par le ravissement extatique et non par le moyen du voyage initiatique (*'ala tariqati l-jadhba, la 'ala tariq al-suluk*). Au «voyageur» (*al-salik*) le monde sensible est d'abord dévoilé, puis le monde imaginal. Il s'élève ensuite en esprit jusqu'au ciel de ce bas-monde, puis au deuxième ciel, puis au troisième et ainsi de suite jusqu'au Trône divin. Tout au long de ce parcours, il continue néanmoins de faire partie des êtres spirituellement voilés aussi longtemps qu'Allah ne Se fait pas connaître à lui et n'arrache pas le voile ultime. Il revient ensuite par le même chemin et voit les choses autrement qu'il ne les voyait lors de son premier parcours. C'est alors seulement qu'il les connaît d'une connaissance véritable.

Cette voie, même si elle est la plus haute et la plus parfaite, est bien longue pour le voyageur et l'expose à de graves périls. Tous ces dévoilements successifs sont en effet autant d'épreuves. Le voyageur se laissera-t-il arrêter par eux ou non ? Certains s'arrêtent au premier dévoilement, ou au deuxième, et ainsi de suite jusqu'à la dernière de ces épreuves. S'il est de ceux que la providence divine a prédestinés au succès, s'il persévère dans sa quête, s'obstine dans sa résolution, s'écarte de tout ce qui n'est pas le but, il obtient la victoire et la délivrance. Sinon, il est rejeté au degré où il s'est arrêté et renvoyé là même d'où il était parti, perdant à la fois ce monde et l'autre. C'est pour cette raison que l'auteur des «Sentences» a dit : «Les formes des créatures ne se présentent pas au disciple sans que les hérauts de la Vérité l'interpellent pour lui dire : "Ce que tu cherches est devant toi ! Nous ne sommes que tentation ! Ne te rends pas coupable d'infidélité !"» L'un des maîtres a dit aussi à ce sujet :

«Chaque fois que tu vois les degrés spirituels déployer leur éclat

Écarte-toi, comme nous en sommes écartés !»

Lorsque de tels êtres parviennent enfin à la connaissance qui était leur but, ces dévoilements leur sont ôtés au terme de leur parcours.

Quant à la voie du ravissement extatique, elle est plus courte et plus sûre. Or y a-t-il, pour le sage, quelque chose qui égale la sécurité ?

C'est à ces deux voies que Dieu a fait allusion dans le verset : « Et vous saurez alors qui est sur le chemin droit, et qui est conduit » (Cor. 26 : 135). Cela signifie : alors, il vous sera révélé quels sont ceux qui sont parvenus à la connaissance de Dieu en parcourant la voie droite, médiane, sans détour, c'est-à-dire la voie d'Allah et de son Prophète, et quels sont ceux qui ont été «conduits», c'est-à-dire qui sont parvenus à la connaissance de Dieu sans accomplir le voyage initiatique, étape par étape, ni rien de ce genre, mais par le ravissement en Dieu et le soutien de Sa miséricorde. Celui qui est dans ce cas est le «désiré» (*al-murad*), terme que l'on a défini comme signifiant «celui à qui sa volonté (ou son «désir» : *irada*) a été arrachée», et toutes les choses ont été disposées d'avance en sa faveur. Celui-là traverse sans efforts toutes les formes et toutes les étapes. Le verset ne fait pas mention de ceux qui n'appartiennent à aucune de ces deux catégories et ne parviennent donc à la connaissance d'Allah, ni par le voyage initiatique, ni par le ravissement extatique.

Un jour, cette pensée me vint à l'esprit : « Si seulement Allah m'avait dévoilé le monde de l'Imagination absolue ! » Cette pensée persista pendant deux jours et provoqua en moi un état de resserrement (*qabd*). Tandis que j'invoquais Allah, Il me ravit à moi-même et projeta sur moi Sa parole : « Un Envoyé est venu à vous de vous-même » (ou : « de vos propres âmes », *min anfusikum*, Cor. 9 : 139) et je compris que Dieu avait pitié de ce qui m'arrivait. Dans cet état de resserrement, je Lui adressai, au cours d'une des prières rituelles, la demande suivante : « Ô mon Dieu, fais-moi réaliser ce qu'ont réalisé les Gens de la Proximité, et conduis-moi par la voie des Gens du ravissement extatique. » J'entendis alors en moi-même : « J'ai déjà fait cela ! » Je m'éveillai alors de mon inconscience et je sus que ce que je demandais, ou bien le moment de l'obtenir n'était pas encore arrivé, ou bien la Sagesse divine avait décrété que je ne l'obtiendrais pas, et que j'étais donc dans l'erreur en le demandant. J'étais semblable à celui que le roi convoque à sa cour et invite à s'asseoir auprès de lui pour lui tenir compagnie et converser avec lui et qui, malgré cela, souhaite voir les portiers du roi, ses garçons d'écurie et ses serviteurs, ou s'amuser sur les marchés. Je me retournai donc vers Allah et lui demandai de me faire réaliser, en fait de connaissance de Lui et de servitude, cela même en vue de quoi Il m'avait créé.

Une pensée semblable me survint une autre fois alors que je me trouvais à Médine – que Dieu la bénisse ! Je me préparais à invoquer Dieu lorsqu'Il me ravit à moi-même et projeta sur moi Sa parole : « Et Nous t'avons déjà donné sept redoublés, et le Coran glorieux. Ne dirige donc point ton regard vers ce dont Nous avons concédé la jouissance à

certains groupes d'entre eux ! » (Cor. 15 : 87, 88). Lorsque je retrouvai mes sens, je dis : « Cela me suffit ! Cela me suffit ! » Cette préoccupation disparut alors complètement de mon esprit et je ne m'en souvins que beaucoup plus tard.

Abd el-Kader, *ibidem*

La prière qui monte vers Dieu

Poussant sa recherche à l'extrême, l'émir considère que tout être humain en prière ne prie que Lui, l'Un. Il conçoit la divinité comme une essence. Mais les hommes ont besoin, par-delà les manifestations de la divinité, de la nommer pour qu'elle existe, d'où les quatre-vingt-dix noms d'Allah.

« *Dites : nous croyons en ce qui nous a été révélé et en ce qui vous a été révélé ; votre Dieu et notre Dieu sont un seul Dieu, et nous Lui sommes soumis* (muslimun) » (Cor. 29 : 46).

Ce que nous allons dire ici relève de l'allusion subtile (*isha-ra*) et non de l'exégèse (*tafsir*) proprement dite.

Dieu prescrit aux muhammadiens de dire à toutes les communautés appartenant aux « Gens du Livre » – chrétiens, juifs, sabéens et autres : « Nous croyons en ce qui nous a été révélé », c'est-à-dire en ce qui s'est épiphanisé à nous, à savoir le Dieu exempt de toute limitation, transcendant dans son immanence même, plus encore : transcendant dans sa transcendance même ; et qui en tout cela demeure pourtant immanent. « Et en ce qui vous a été révélé », c'est-à-dire en ce qui s'est épiphanisé à vous dans les formes conditionnées, immanentes et limitées. C'est Lui que Ses théophanies manifestent à vous comme à nous. Les divers termes qui expriment la « descente » ou la « venue » de la Révélation ne désignent rien d'autre que des manifestations (*zuhurat*) ou des théophanies (*tajalliyat*) de l'Essence, de Son Verbe ou de tel ou tel de Ses attributs. Allah n'est pas « au-dessus » de quiconque, ce qui impliquerait qu'il faut « monter » vers Lui. L'Essence divine, Son verbe et Ses attributs ne sont pas localisables dans une direction particulière d'où ils « descendraient » vers nous.

La « descente » et les autres termes de ce genre n'ont de sens que par rapport à celui qui reçoit la théophanie et à son rang spirituel. C'est ce rang qui justifie l'expression de « descente » ou les expressions analogues. Car le rang de la créature est bas et inférieur alors que celui de Dieu est élevé et sublime. N'eût été cela, il ne serait pas question de « descendre » ou de « faire descendre » [la Révélation], et on ne parlerait pas de « montée » ou d'« ascension », d'« abaisser » ou d'« approcher ».

C'est la forme passive [dans laquelle le sujet réel de l'action exprimée par le verbe reste occulté] qui est employée dans ce verset car la théophanie dont il s'agit ici se produit à partir du degré qui totalise tous les Noms divins. De ces Noms ne s'épiphanisent, à partir de ce degré, que le nom de la divinité, (c'est-à-dire le nom Allah), le nom *al-Rabb* (« le Seigneur ») et le nom *al-Rahman* (« le Tout-Miséricordieux »). [Parmi les témoins scripturaires de ce qui précède] Allah a dit : « Et ton Seigneur viendra » (Cor. 89 : 22), et, de même, on trouve dans une tradition prophétique : « Notre Seigneur descend… » Allah a dit encore : « Sauf si Allah vient » (Cor. 2 : 210), etc. Il est impossible qu'un des degrés divins s'épiphanise avec la totalité des Noms qu'il renferme. Il manifeste perpétuellement certains d'entre eux et en cache d'autres. Comprends !

Notre Dieu et le Dieu de toutes les communautés opposées à la nôtre sont véritablement et réellement un Dieu unique, conformément à ce qu'Il a dit en de nombreux versets : « Votre Dieu est un Dieu unique » (Cor. 2 : 163 ; 16 : 22 ; etc.) Il a dit aussi : « Il n'y a de dieu qu'Allah » *(wa ma min ilahin illa Llahu*, Cor. 3 : 62). Il en est ainsi nonobstant la diversité de Ses théophanies, leur caractère absolu ou limité, transcendant ou immanent, et la variété de Ses manifestations. Il S'est manifesté aux muhammadiens au-delà de toute forme tout en Se manifestant en toute forme, sans que cela entraîne incarnation, union ou mélange. Aux chrétiens, Il s'est manifesté dans la personne du Christ et des moines, ainsi qu'Il le dit dans le Livre. Aux juifs, Il s'est manifesté sous la forme de 'Uzayr et des rabbis ; aux mazdéens sous la forme du feu, et aux dualistes dans la lumière et la ténèbre. Et Il s'est manifesté à tout adorateur d'une chose quelconque – pierre, arbre ou animal… – sous la forme de cette chose : car nul adorateur d'une chose finie ne l'adore pour elle-même. Ce qu'il adore, c'est l'épiphanie en cette forme des attributs du Dieu vrai – qu'Il soit exalté ! – cette épiphanie représentant, pour chaque forme, l'aspect divin qui lui correspond en propre. Mais [au-delà de cette diversité des formes théophaniques], ce qu'adorent tous les adorateurs est un, leur faute consistant seulement dans le fait de le déterminer limitativement [en l'identifiant exclusivement à une théophanie particulière].

Notre Dieu, celui des chrétiens, des juifs, des sabéens et de toutes les sectes égarées, est Un, ainsi qu'Il nous l'a enseigné. Mais Il S'est manifesté à nous par une théophanie différente de celle par laquelle Il S'est manifesté dans Sa Révélation aux chrétiens, aux juifs et aux autres sectes. Plus encore : Il S'est manifesté à la communauté muhammadienne elle-même par des théophanies multiples et diverses, ce qui explique que cette communauté à son tour comprenne jusqu'à soixante-treize sectes différentes, à l'intérieur de chacune desquelles il faudrait encore distinguer d'autres sectes, elles-mêmes variées et divergentes, ainsi que le constate quiconque est familier avec la théologie. Or tout cela ne résulte de rien d'autre que de la diversité des théophanies, laquelle est fonction de la multiplicité de ceux à qui elles sont destinées et de la diversité de leurs prédispositions essentielles. En dépit de cette diversité, Celui qui S'épiphanise est Un, sans changement de l'éternité sans commencement à l'éternité sans fin. Mais Il Se révèle à tout être doué d'intelligence à la mesure de son intelligence. « Et Allah embrasse toute chose, et Il est le Savant par excellence » (Cor. 2 : 115).

Il y a donc en fait unanimité des religions quant à l'objet de l'adoration – cette adoration étant co-naturelle à toutes les créatures, même si peu d'entre elles en ont conscience – du moins en tant qu'elle est inconditionnée, et non point quand on la considère sous le rapport de la diversité de ses déterminations. Et nous, musulmans, ainsi qu'Il nous l'a prescrit, sommes soumis au Dieu universel et croyons en Lui. Ceux qui sont voués au châtiment ne le sont qu'en tant qu'ils L'adorent sous une forme sensible exclusive de toute autre. Seule connaît la signification de ce que nous disons l'élite de la communauté muhammadienne, à l'exclusion des autres communautés. Il n'y a pas au monde un seul être – fût-il de ceux qu'on appelle « naturalistes », « matérialistes » ou autrement – qui soit véritablement athée. Si ses propos te font penser le contraire, c'est ta manière de les interpréter qui est mauvaise. L'infidélité (kufr) n'existe pas dans l'univers, si ce n'est en mode relatif. Si tu es capable de comprendre, tu verras qu'il y a là un point subtil : à savoir que quiconque ne connaît pas Dieu de cette connaissance véritable n'adore en réalité qu'un seigneur conditionné par la croyance qu'il a à son sujet, et qui ne peut donc se révéler à lui que dans la forme de sa croyance. Mais le véritable Adoré est au-delà de tous les « seigneurs » !

Tout cela fait partie des secrets qu'il convient de celer à quiconque ne suit pas notre voie. Prends garde ! Celui qui les divulgue doit être compté parmi les tentateurs des serviteurs de Dieu ; et nulle faute ne peut être imputée aux docteurs de la Loi s'ils l'accusent d'être un infidèle ou un hérétique dont on ne peut accepter le repentir. « Et Dieu dit la Vérité, et c'est Lui qui conduit sur la voie droite » (Cor. 33 : 4).

Abd el-Kader, *ibidem*

BIBLIOGRAPHIE

Biographies et témoignages anciens

Les biographies de l'émir Abd el-Kader sont si nombreuses et éclectiques qu'elles ont fait l'objet d'une thèse de doctorat sous la direction de Bruno Étienne à l'université d'Aix-en-Provence : Z. Abdelrahim-Boutaba, *Analyse critique de la bio-bibliographie en langue arabe et française,* 1987 (non publiée).

– Abd el-Kader, *Autobiographie écrite en prison en 1849,* Éditions Dialogues, Paris, 1999. Traduction partielle du manuscrit dit « Chevalier », écrit à Amboise par l'émir avec l'aide de son beau-frère ben Thami.

– Aire (Marie d', née Boissonnet), *Abd el-Kader, sa jeunesse, son rôle politique et religieux, sa captivité, sa mort,* J. Pichon, Paris, 1905.

– Azan (général Paul), *L'Émir Abd el-Kader, 1808-1883, du fanatisme musulman au patriotisme français,* Hachette, Paris, 1925. Premier ouvrage quasi complet, sauf sur la période damascène.

– Bellemare (Alexandre), *Abd el-Kader, sa vie politique et militaire,* Hachette, Paris, 1863.

– Berbrugger (Adrien), *Relations de l'expédition de Mascara,* Veuve le Normant, Paris, 1836.

– Churchill (Charles Henry), *La Vie d'Abd el-Kader,* Londres, 1867, traduction de Michel Habart, SNED, Alger, 1971. Une des premières biographies complètes de l'émir.

– Civry (Eugène de), *Napoléon III et Abd el-Kader,* Paris, 1853.

– Dupuch (Mgr Antoine-Adolphe), *Abd el-Kader au château d'Amboise,* Bordeaux, 1849.

– Roches (Léon), *Trente-deux ans à travers l'Islam 1832-1864,* Firmin-Didot, Paris, 1887.

– *Tuhfat az-za'ir fi ta'rikh al gaza'ir wal-Amir* (*Cadeau au pèlerin de l'histoire de l'Émir*), Alexandrie, 1903. Publiée par le fils d'Abd el-Kader, l'émir Mohamed, cette biographie contient de nombreux textes de l'émir. Il en existe une version postérieure publiée en arabe (2 vol., Dar al-Yaqadha al-'arabiyya, Beyrouth, 1964).

– Vauthier (G.), *Vie d'Abd el-Kader, Émir-el-Moumenin, prince des croyants et sultan des Arabes,* Librairie populaire, Paris, 1848.

Biographies récentes

– Aouli (Smaïl), Ramdane (Redjala), Zoummeroff (Philippe), *Abd el-Kader,* Fayard, Paris, 1994.

– Benachenou (Abdelhamid), *L'État algérien en 1830, ses institutions sous l'émir Abd el-Kader,* SNED, Alger, 1969.

– Boualmane (Besaih), *De l'émir Abd el-Kader à l'Imam Chamyl,* Dahalb, Alger, 1997.

– Bouaziz (Yahia), *L'Émir Abd el-Kader, commandant de la résistance algérienne,* Dar al-Kitâb, Alger, 1964 (réédité puis traduit en arabe).

– Boutaleb (Abdelkader), *L'Émir Abd el-Kader et la formation de la nation algérienne. De l'émir Abd el-Kader à la guerre de libération,* Dahalb, Alger, 1990.

– Émerit (Marcel), *L'Algérie à l'époque d'Abd el-Kader,* Larose, Paris, 1951.

– Estailleur-Chanteraine (Philippe d'), *l'Émir magnanime, Abd el-Kader le croyant,* Fayard, Paris, 1959.

– Étienne (Bruno), *Abd el-Kader isthme des isthmes,* Hachette, Paris, 1994, Pluriel, 2003. traduction en arabe, Dar al-'Attia, Damas, Beyrouth, 1997.

– Sahli (Mohamed Cherif), *Abd El Kader, le chevalier de la foi,* En Nahda, Alger, 1953.

– Sahli (Mohamed Cherif), *L'Émir Abd el-Kader, mythes français et réalités algériennes,* Entreprise algérienne de Presse, Alger, 1988.

On trouve désormais de nombreuses informations biographiques dans la revue bilingue *Itinéraires*, éditée par l'association et la fondation Émir Abd el-Kader.

Correspondance

Pour l'énorme correspondance, que ce soit celle des Affaires étrangères ou celles publiées par A. Temimi ou Mgr Teissier, on trouvera les références dans Bruno Étienne, 1994 (*supra*). La correspondance avec le général Daumas ainsi que *Les Chevaux du Sahara et les mœurs du désert* (Hachette, 1863) font l'objet d'une édition critique de François Pouillon à paraître en 2003.

Œuvres d'Abd el-Kader

Nous n'avons pas mentionné certains écrits particuliers tels que le règlement militaire (*Wishâh al-Katâ'ib*) ou les consultations sur l'apostasie pendant le jihad *(Husam al-Din)*.

– *Kitâb al-mawâqif fi al-tassawuf wa al-wa'iz wa al-irshad* (*Le livre des haltes, du mysticisme, de la prédication et de la direction*), Dar al-Yaqadha al-'arabiyya, Damas, 1966. C'est l'œuvre majeure de l'émir. Une traduction par Michel Lagarde a été publiée sous le titre *Livre des haltes* (Brill, 2 vol., 2000 et 2002). Il existe aussi deux traductions partielles : *Écrits spirituels* (présentation et traduction de Michel Chodkiewicz, Le Seuil, 1982) et *Poèmes métaphysiques* (traduction de C. A. Gilis, éditions de l'Œuvre, 1983).

– *Dhikra al-'aqil wa tanbih al-ghafil*. Il existe au moins quatre traductions de ce livre dont la première, celle de Gustave Dugat, publiée sous le titre *Rappel à l'intelligent, avis à l'indifférent* (B. Duprat, 1855). On trouve par ailleurs plusieurs versions en arabe publiées plus récemment à Beyrouth puis à Alger. Une traduction intégrale par René Khayyam, à partir des manuscrits originaux, est parue sous le titre *La Lettre aux Français* (Phébus, 1977).

– *Diwan al-Amir Abdelqadir*, Le Caire, 1903. Recueil de poèmes publiés par son fils Mohamed. Il en existe une autre version sous le titre *Nazhat al-qatir* (*Agrément de l'esprit des poésies de l'émir Abd el-Kader*) également publiée au Caire (s.d.), et une autre version à Damas plus récente.

– *Al-Mikrad al-hadd li-qat' lisan muntaqis din al-'islma bi-l-bâtil wa-l-'ilhad*, Alger, 1989. Autre œuvre de l'émir écrite en réponse aux interrogations de ses visiteurs français à Amboise. Plusieurs versions et traductions depuis la première parue en 1855 sous le titre *Les ciseaux acérés pour couper la langue au détracteur de la religion musulmane parmi les gens de croyances vraies et de l'athéisme*.

INDEX

CRÉDITS PHOTOGRAPHIQUES

AFP, Paris 74, 83, 86b. Archives B. Etienne 14, 36, 42, 67, 82g, 84, 97, 117. Archives Gallimard 56b, 64. Archives Gallimard/F. Hanoteau 10. Archives Tallandier 87. Association Cheikh al-Alaoui pour l'éducation et la culture soufie, Paris 13, 27, 51. Bibliothèque nationale de France, Paris 40h, 59, 62, 77. Bibliothèque du Grand Orient de France, Paris 81. Bridgeman Giraudon, Paris 55. Bridgeman Giraudon, Paris/ J.L. Charmet 37, 76. Collection Badr El Hage, Londres 72. Collection particulière, Paris 70b. G. Dagli Orti, Paris 16-17, 19, 39, 70-71. G. Degeorge, Paris 82-83. Droits réservés 20, 75, 85, 90, 94, 95. Groz et Deletrez 12, 15, 26, 68, Leemage, Paris 24-25, 88. Musée de l'Armée, Paris 121. Musée de la Franc-maçonnerie, Grand Orient de France, Paris 89. F. Pouillon dos de couverture, 91. RMN/ Paris 56-57, 78. RMN/ J.G. Berizzi 58, 69. RMN/ P. Bernard 38. RMN/ G. Blot couverture 1er plat, 22, 28-29, 30-31, 34, 35, 63. RMN/ G. Blot/ H/ Lewandowski 44-45, 46-47, 48-49, 50, 54. RMN/ G. Blot/ J. Schormans 18, 43. RMN/ A. Danvers 61. RMN/ H. Lewandowski 40-41. RMN/ R.G.Ojeda 11, 23, 52-53, 66. RMN/ Popovitch 65. Roger Viollet 24b, 78-79. Hocine Ziani 2e plat de couverture, 32-33, 92-93, 96.

REMERCIEMENTS

Les auteurs expriment leur reconnaissance à A. K. Aguib Président de l'Association Émir Abdelkader, Abderrahmane Bouchène, Françoise Durand-Evrard, directrice des Archives d'Outre-Mer à Aix-en-Provence, Jacques Frémeaux, Jean-Robert Henry, Pierre Al-Maari, Jacques Magendie, Driss Mansouri, Marianne Petit, Geneviève Simon, Lynne Thornton, Jean-Yves Trehin, Hocine Ziani. L'éditeur adresse ses remerciements à Irène Manguy, Ludovic Marcos, Ouerdia Oussedik, Philippe Zoummaroff.

ÉDITION ET FABRICATION

DÉCOUVERTES GALLIMARD
COLLECTION CONÇUE par Pierre Marchand.
DIRECTION Elisabeth de Farcy.
COORDINATION ÉDITORIALE Anne Lemaire.
GRAPHISME Alain Gouessant.
COORDINATION ICONOGRAPHIQUE Isabelle de Latour.
SUIVI DE PRODUCTION Fabienne Brifault.
SUIVI DE PARTENARIAT Madeleine Giai-Levra.
RESPONSABLE COMMUNICATION ET PRESSE Valérie Tolstoï.
Presse David Ducreux et Alain Deroudilhe.

ABD EL-KADER LE MAGNANIME
ÉDITION Laurent Lempereur. ICONOGRAPHIE Claire Balladur.
MAQUETTE David Alazraki. LECTURE-CORRECTION Pierre Granet et Jocelyne Marziou.
PHOTOGRAVURE André Michel

Bruno Étienne est politologue, membre de l'Institut universitaire de France
et professeur d'université à l'IEP d'Aix-en-Provence où il dirige l'Observatoire
du religieux. Il a notamment publié *L'Islamisme radical* (Hachette, 1989),
La France et l'islam (Hachette, 1989), *Abdelkader* (Hachette, 1994),
Algérie 1830-1962 (Maisonneuve et Larose, 1999),
Islam, les questions qui fâchent (Bayard, 2003).

François Pouillon est anthropologue, directeur d'études à l'École des hautes études
en sciences sociales où il dirige le Centre d'histoire sociale de l'Islam méditerranéen.
Spécialiste de l'orientalisme, notamment de la peinture, il a publié sur ce thème
Les Deux Vies d'Étienne Dinet, peintre en Islam (Balland, 1997).
Il prépare actuellement une édition critique de la correspondance
d'Abd el-Kader avec le général Daumas.

*1er dépôt légal : mars 2003
Dépôt légal : juin 2007
Numéro d'édition : 148704
ISBN : 978-2-07-076749-6
Imprimé en France par Pollina SA - L43957*